結婚も出産もせず親になりました

非婚のわたしが養子と作る〈新しい家族〉

ペク・ジソン
藤田麗子＝訳

大和書房

推薦のことば ――キム・ギジュン（THE FOREST BOOK Publishing Co.）

2003年、私が在職していた会社に本書の著者であるペク・ジソンさんが入社してきて一緒に働くようになったから、かれこれ20年のつき合いになる。出版界の大勢の仲間の中でも、あらゆる面において印象的な人だった。出版界では非婚女性はめずらしくないが、養子を迎えたという話をいきなり聞かされたときは驚かずにはいられなかった。同年代の編集者がサラリーマン生活から抜け出すために業界を離れたり独立したりしている間、著者は子育てをしながらも会社で大活躍した。私が独立して立ち上げた会社にある日遊びに来て、2人目の養子を迎えると聞かせてくれたときはまたしても驚いた。

典型的な母親のイメージからはかけ離れているが、女の子を2人も育て、お世辞ひとつ言えない性格で何でも顔に出てしまうタイプなのに、誰よりも長く会社生活を送った。「実に独特なキャラクター」という言葉がおのずと出てくるペク・ジソンさんの人生がこの本に盛り込まれている。興味深くも深い余韻が残る。その独特さは女性の人生、家族と社会に対する真摯な問いかけと実践から生じていることがわかった。とてもプライベートで、とても政治的なこの本が、多様な家族のかたちを模索するこの時代に一石を投じることを祈る。

はじめに

わたしは結婚をせずに、2人の女の子を養子に迎えた。これを知った人からは不思議がられることも多いけれど、非婚女性にはうらやましがられることもある。

養子を迎えるずっと前から「結婚はしたくないけど子どもは育てたい」という女性の話をときどき耳にすることがあった。現実的な困難さえ克服できるなら、結婚をせずに出産をしたり養子を迎えたりして子どもを育てたい、と思っている女性は多いらしい。

＊＊＊＊＊

「結婚せずに養子を迎えてよかったこと」とは？

まず、わたしには配偶者がいないので、母や姉妹が自分の家のように気兼ねなくわが家に出入りして、ときには一緒に暮らしながら育児をサポートしてくれる。実母と夫の折り合いが悪くて、実家に頼れないという女性も多いけれど、わが家ではその心配もない。シングルマザーの場合はもちろん、共働きの家庭であっても、夫より実家のほうが頼りになることは少なくない。原因のひとつは、男性の育児参加率が低いこと。これは文化的な問題で、ワーカホリック社会の弊害でもある。

次に、夫婦が子どもを授かったり養子を迎えたりした場合、2人が不仲になって子どもが被害を受けることがある。離婚によって子育てがおろそかになるとか、子どもを手放さなくてはならなくなるといった状況は、一般家庭でも養子縁組家庭でもよくあることだ。父親と母親の教育観のズレが問題になることも多い。その点、わたしの娘たちは深刻ないざこざを経験することなく、ずっと安定した環境で育ってきた。ありふれた夫婦ゲンカすら、一度も見たことがないわけだから。

結婚しないということも、養子を迎えるということも、わたしにとってはごく自然な選択だった。最近はひとり親家庭も多いし、仕事の事情で離れて暮らす夫婦も多いから、生活スタイルも一般家庭とたいして変わらない。

とはいえ、非婚の養子縁組家庭はまだまだ少ないため、娘たちが成長するにつれて、好奇の目を向けられたり、養子を迎えた経緯を説明したりする機会が増えていくと思う。娘たちも自分がなぜ他の人々と違う人生を送ることになったのか、疑問を抱くようになるかもしれない。
特異なバックグラウンドを持っているかどうかにかぎらず、誰もが成長しながら自分のストーリーを作っていく。娘たちが自分の物語をどのように描いていくのかはまだわからないけれど、2人をわが家に迎えて一緒に家族を作ってきた過程を聞かせることは、彼女たちが幼い頃の人生を知り、物語を完成させていくうえでの基礎資料になるはずだ。

ある人は友人と共に生き、またある人は動物を家族に選ぶ。自分の人生を自分でコントロールしながら、新しい生き方を創造していく人が増えている。この本に書いたのは、自由と責任、そして、愛と結びつきについての物語だ。
人はひとりで生きていくことはできない。子どもだけでなく、大人もひとりでは生きられない。家族になってからも、関係の質はもちろん、かたちも変わっていく。みなさんにとって、本書が変わりゆく家族像を新たに見つめ直すきっかけになることを願っている。

ペク・ジソン

第1章　新しい家族の誕生

第2章　養子縁組は「隠すもの」じゃない

第5章 韓国の養子縁組事情

第6章 子育てしやすい世の中にするには ―お金、仕事、社会の安全

プロローグ　現在を生き、未来をつかむ

わたしはモノレールに乗ってセントーサ島に入った。夜の浜辺で開催されるファンタジックなレーザーショーを鑑賞するためだ。つかの間のシンガポール旅行は快適で楽しかった。数日間の滞在時間をめいっぱい使って観光した。水陸両用バスに乗り、タイガービールの工場を見学し、大観覧車に乗って、多民族国家シンガポールの文化に触れられる博物館や伝統市場をめぐり、夜のジャングルを探検するナイトサファリツアーにも参加した。夜はホテルの屋上プールに浮かんで、情緒たっぷりの夜空を味わった。

それでも、心の片隅では寂しさを感じていた。わたしの隣に子どもがいたらどんなにいいだろう。好奇心いっぱいの瞳を輝かせながらおしゃべりをする子どもがいたら、この世界がどれだけ新鮮で刺激的に感じられるだろう？　目の前で繰り広げられる華麗なレーザーショーと噴水のさわやかな水しぶきを楽しみながらも、もうこんな旅はしたくないなと思った。数年前にパッケージツアーで中国に行ったとき、小学生の娘さんと2人で旅を

するお母さんを見かけたことがある。わたしもそんな旅がしたかった。

＊＊＊＊

昔から、結婚をしてもしなくても養子を迎えたいと思っていた。未来を楽観できない世の中で子どもを産みたくはない。きちんと面倒をみてもらえていない子どもたちが大勢いるのに、わたしが新しく産まなくてもいいんじゃないかな？　こんな考えも頭の中を占めていた。

そんなわけで子どもを産むつもりはなかったけれど、子育てはこの世で最も価値のあることだと思っていた。姉が土日出勤をするときに子どもたちを預かった経験も多かったから、子育てはわたしにとってまったく不慣れではない、自然なことだった。

ずっと別々の人生を歩んできた異性と結婚して同居するのはあたりまえだとみなされているのに、養子縁組は特別視されていることに納得がいかなかった。結婚を後悔している人は多くても、子どもを育てていることを後悔している人はあまり見たことがない。わたしは結婚の成功率より、養子縁組の成功率のほうがずっと高いと思う。

養子縁組について検索すると、養子を迎えたいという未婚女性や離婚女性の書き込みが簡単に見つかる。2008年、わたしは「独身者でも養子を迎えられる」という情報を発見した。制度が変わったのだという。シンガポール旅行に行った、その年のことだった。

2006年末の「養子縁組促進および手続きに関する特例法」（現「養子縁組特例法」）施行規則改正によって、〝婚姻中であること〟という養親の資格条件が削除された。つまり、独身者が児童養護施設や里親家庭で保護を受けている児童を養子に迎えることは、2007年から可能だったというわけだ。また、2022年には、「民法」および「家事訴訟法」が一部改正され、独身者の「親養子縁組」[1]が認められた[2]。姉の合意を得て姪と甥を養子に迎えたホン・ソクチョン[3]のように、独身でも実の親と同じ権利・義務を持つ親養子縁組ができるようになったのだ。

時が来た、と思った。ただ、その前に解決しておくべきことがあった。わたしの体の中では子宮筋腫が育っていた。かなりサイズが大きくて、病院で検査を受けるたびに手術を勧められた。開腹手術を受けるなら5日ほど入院することになり、退院後も誰かの助けが

1 実の親子と同じ関係を結ぶ養子縁組。日本の特別養子制度に近い。
2 養子縁組特例法上の養子縁組は保護者のいない児童や虐待されている児童など、保護が必要な児童を対象としたもので、親養子縁組は一般児童を対象とした民法上の養子縁組。
3 独身のタレント、実業家。韓国ではじめて同性愛者であることをカミングアウトした。

必要になる。ひとり暮らしだったわたしは妹の家の近所に引っ越した。家が近ければサポートを受けやすい。

その翌年、わたしは手術を受けた。摘出した筋腫は直径10センチをはるかに超えていたらしい。どうりでおなかが出ていたわけだ。術後はウエストがすっきりして、体重も数キロ減った。手術前の浣腸に戸惑ったり、術後にはじめて食事をしたときは激しい嘔吐に見舞われたりもしたけれど、病院のベッドでゴロゴロしながら久しぶりに数日間ゆっくり過ごした。のんびり小説を読んで、スマホでドラマを視聴し、病院の屋上でぼんやり夕日を眺めたり、軽い散歩を楽しんだりした。

退院からしばらくは疲れやすく、夜9時には寝て朝6時に起きるという規則正しい生活を送った。ひどい倦怠感の中でも気分は爽快だった。おなかを切る手術をしても即回復できたことによって、どんなことでもやり遂げられそうな自信が芽生えてきた。

＊　＊　＊　＊　＊

体調が整うとすぐに養子縁組の準備にとりかかった。もっとも知名度の高い養子縁組機関を訪れて相談を申し込み、養子縁組と育児に関する本を十数冊買った。

２０１０年に長女を、２０１３年に次女を養子に迎えた。２人の子どもと養子縁組をしたことは、わたしの人生で最もすてきな選択だった。娘たちと一緒に無我夢中で公園を走り回り、連休に家族サービスで訪れたウォーターパークで誰よりもはしゃいでウォータースライドの前に並んでいる自分に気づいたとき、子どもがいなかったらこんな経験をする機会はなかっただろうなと考える。週末に子どもたちとゲラゲラ笑いながらおしゃべりをして、やるべきことを一つも終えられなかった夕方、ふと今がわたしの人生でいちばん幸せな瞬間かもしれないと思ったりもする。

娘たちを通して、わたしはさまざまな世界とつながった。保育園、学校、先生や保護者、キッズカフェ、文化センター、公園で遊ぶ子どもたちと彼らの親御さん……。子どもがいなければ知ることのなかった複雑な世界の一員になった。何と言っても、数十年の歳月を飛び越えて子どもたちと共感し、同時代を生きていくというのは驚異的な経験だ。

子どもを育てながら、わたしはついに地に足をつけた。以前のわたしは風に舞うビニール袋や水面を漂う浮き草のように、どこに飛ばされていつまでとどまるのかわからない存在だった。未来が見えなくて、現在がいつも不安だった。今のわたしは現在を生きている。たとえ明日死ぬとしても、わたしはしっかり現在を見つめて、娘たちにとってベストな道を探し出すと思う。

娘たちもわたしの保護と愛に包まれて、世の中に挑戦する勇気を得ることだろう。娘たちがまだ幼い頃に買った二段ベッドはすぐにただの遊び場になってしまい、2人はずっとわたしの隣で寝ていた。そのうち長女が自分の部屋を欲しがり、しばらくはひとりでシングルベッドに寝ていたが、またわたしの寝室に来るようになった。今度はロフトベッドが欲しいとせがむので買ってあげたけれど、そこで寝たのもやっぱり数日だけで、ひとりでいたいときにだけ使う屋根裏部屋のような空間になった。

ベッド売り場に行くと、ダブルベッド2台、あるいはダブルベッドとシングルベッドを組み合わせたかたちのファミリーベッドをよく見かける。わが家もクイーンサイズとシングルサイズのマットレスをつなげて、ファミリーベッドのように使っている。娘たちは、あらゆることに干渉して小言を言う母にぷんぷんしながらも、夜寝る前はふとんの中を探ってわたしの手をぎゅっと握りしめる。

娘たちは母親がもたらす心の安定感という安全ネットの上で、安心して世界に飛び込んでいくことだろう。ときどき振り返って母が見守っていることを確認し、堂々と未来に向かって進んでいくはずだ。娘たちが未来の主役だから、わたしには焦る理由がない。ひとりではどこまでも弱いわたしと娘たちは、こんなふうに強力な結びつきによってお互いを支え、応援し合っている。

＊
「ひとり親家庭支援法」などの正式名称に合わせて、親が未婚（非婚）／離婚・死別のいずれの場合も「ひとり親家庭」に統一した。ただし慣行により定着している場合や特定の社会的脈絡においては、未婚の母や未婚親、シングルマザーという表現を一部使用した。

第1章

新しい家族の誕生

赤ちゃんを抱っこした日
——日常のなかに子どもがやってきた

生後3カ月だというその赤ちゃんは、わたしを見るやいなやにこにこ笑いながらよだれを垂らした。はじめて見た相手にどうしてこんなに心を許せるんだろう？　赤ちゃんは抱っこされてもまったく嫌がらず、わたしの顔をじっと見ながら笑った。人懐っこい子だなと思った。

まもなくしてこの子を正式に引き取ったわたしは、養子縁組機関を出るやいなや町内の住民センターに直行した。赤ちゃんを誰にも奪われないように、出生届を出すためだ。養子縁組機関で教えてもらった誕生日を記入して出生届を出し、提出遅延の罰金を支払った。当時は、こんなふうに養親が養子に迎えた子どもの出生届を出すケースが一般的だった。この2年後の2012年に養子縁組特例法が改正施行され、現在は生みの親によって出生届が提出されていない子どもと養子縁組をすることはできない[4]。

赤ちゃんと一緒に眠る夜

子どもを迎えると、わたしは家に宝箱を隠し持っているような気分になった。会社での仕事にもがぜんやる気が出た。

マットレスで四方を囲める折りたたみ式の添い寝ベッドを購入し、これを自分の枕元に置いて赤ちゃんと一緒に寝た。夜中に何度か起きて、すやすや眠る赤ちゃんをのぞき込んだり、ちゃんと息をしているかどうか鼻の下に指を当てて確かめたりした。

育児本で読んだ乳幼児突然死症候群が怖かったのだ。眠っている間に何の予兆もなく赤ちゃんが突然死することがあり、うつ伏せ寝のときに発生しやすいという。添い寝ベッドを用意したのは、うつ伏せ寝を防ぐためだった。マットレスで囲まれた小さな空間の中で寝返りを打とうとするとベッドが傾いて、わたしが目を覚ますか赤ちゃんが自然とあお向けの姿勢に戻る。寝ている間に呼吸を確認する作業は、赤ちゃんがずりばいを始めるようになるまで続いた。

4　子どもの「出自を知る権利」を重視した改正だが、新たな問題も発生している。未婚の母などがプライバシーの問題から出生届を出すことをためらって養子縁組を選ぶことができず、匿名で利用できるベビーボックス（165ページ）に預けられる赤ちゃんが増えている。

数日経つと、赤ちゃんはあお向けではって移動するというスゴ技を見せるようになった。床に背中をつけたまま両脚をカエルのように動かしてぐんぐん進み、壁に頭をぶつける。困惑した表情の赤ちゃんを部屋の反対側に寝かせると、またせっせと足を動かして部屋を横切っていく。わたしは赤ちゃんが壁に頭をぶつける前にクッションを置いた。

ベビー用品のレンタルショップで、電動ゆりかごとベビーベッドを借りた。電動ゆりかごをやさしく揺れるモードにして赤ちゃんを横たわらせておくと、すんなり寝つくのでとても楽だ。6カ月頃になると後追いが始まり、わたしがトイレに行っただけでも不安がって泣き出すようになった。お風呂やトイレはドアを開けたまま電動ゆりかごを前に置いて済ませ、片時も離れようとしないときはおんぶをして皿洗いをした。

赤ちゃんが夜泣きをすると、ご近所さんのことが気になって何かと落ち着かない。それでも乳幼児はおとなの2倍以上眠るので、養育者はひと息つくことができる。夜間に授乳する習慣がついていると赤ちゃんも親もゆっくり眠れないけれど、養子縁組の前にお世話をしていた里親さんがしつけをしていたようで、長女は夜9時頃に粉ミルクを飲んで眠ると朝7時頃まで目覚めなかった。夜中にミルクを欲しがって泣き出すことはほとんどなかった。

ベビーベッドは高い柵に囲まれていて、その中の赤ちゃんは牢屋にいるように見えた。親が安心して寝れるように赤ちゃんを閉じ込める（？）ためのアイテムらしい。ところが、このベッドはレンタル終了期間の3カ月を待たずに返却することになった。わが家にやってくるやいなや背ばいで活発に動き回っていた長女は、それからすぐにうつ伏せではうようになったからだ。ベッドの柵を越えようとしてケガをしてはいけないと思い、ハイハイを始める前に返却した。

それからは、自分のベッドで赤ちゃんと並んで寝るようになった。赤ちゃんが足蹴りをしながら転がり回るので、わたしはベッドのすみっこで小さくなって眠る。翌朝目覚めると、赤ちゃんは寝ていた位置の対角線上やわたしの足元まで移動していた。ふとんをかけて寝かせても、夜中に蹴ってはいでしまうので、冬は肌着の上にパジャマとチョッキを着せ、ナイトソックスを履かせた。寝ている間に赤ちゃんを踏みつぶしてしまいそうで不安だったけれど、母親という存在は常に子どもを気遣っているせいか、そんなことは一度もなかった。足蹴りを避けて、いつもわたしがどんどんすみっこに追いやられていた。

はじめての養子縁組の手続き
――独身で養子を迎えるということ

会社勤めをしながら子育てをするために、わたしは当初、4～5歳ぐらいの女の子を養子に迎えようと考えていた。それぐらいの年齢なら保育園に通わせることができるし、朝と夕方の数時間だけキッズシッターを依頼すればいいから、仕事にも大きな支障はなさそうだと思った。女の子を引き取ろうと思ったのは、自分が女だという単純な理由からだ。

でも、最初の養子縁組相談で社会福祉士の話を聞いて、考えが変わった。養子縁組機関に預けられた子どもは、満1歳を超えると「年長児」と呼ばれる。年長児は親密な親子関係を築くまでに長い時間と努力が必要となるだけでなく、そもそも4～5歳の養子候補者は見つかりづらいという。養護施設に預けられている幼児や児童は多いけれど、生みの親が親権を放棄しているケースはまれだからだ。

社会福祉士のアドバイスに従って、わたしは乳児を養子に迎えることにした。年長児との養子縁組は、もっと子育てに専念できる家庭のほうがよさそうだった。まだ養子を迎えてもいないうちからキッズシッターの依頼を検討しているような会社員には難しい。

数年後に生後10カ月の次女を引き取ったとき、わたしは1歳近い子どもを養子に迎える難しさを少なからず味わった。長女は生後3カ月でわが家にやってきたので、自分が産んだのではないかと錯覚してしまうほど育児がスムーズに進んだけれど、次女は新しい環境に慣れて精神的に安定するまでにかなりの時間がかかった。

長女の養子縁組

長女との養子縁組を希望してから数カ月間、何度も面談を受けた。身分証や家族関係を証明する書類をはじめ、犯罪経歴証明書、薬物依存症やアルコール依存症の検査を含む健康診断書、資産の内訳を証明する書類も提出した。独身者は養育のための経済力があるかどうかが重要だといわれ、固定資産証明書や金融機関の残高証明書はもちろん、年金や保険の加入状況に関する書類、住宅請約総合貯蓄[5]の証明書まで洗いざらい提出した。その数年前に、ソウル大学近くのワンルームマンションを購入していたことは有利に働いた。会

5 韓国で新築分譲マンションを購入する際に必要な積立預金。

社でスピード出世して、年齢のわりに職級が高いという点も評価されたようだ。

なぜ結婚していないのか、男性嫌悪や男性蔑視はないかといった心理検査を受け、家族面談も二度ほど行われた。両親には絶対に反対されるとわかっていたから、手続きがすべて終わるまで知らせなかった。姉は時間的に難しかったので、兄と妹が面談に来てくれた。兄はわたしのことを「子どもの頃から責任感が強くて信頼できる」と言い、妹は「自分も積極的に子育てに参加する」と言って、養子縁組の成立に大きな力添えをしてくれた。養子を迎えるつもりだと明かす前から、きょうだいはきっとわたしを応援してくれるだろうと信じていた。心あたたかく、偏見や先入観を持たない彼らは、養子に迎える子どもに愛情をたっぷり注いでくれるだろうと思っていたし、実際そのとおりだった。

わたしのことをよく知っていて、社会的、経済的に安定した地位にある人の推薦書も必要だったので、前職と現職の同僚に依頼した。心のこもった彼らの推薦書が大きな力になった。とても感謝している。

数カ月にわたる書類審査と心理検査、家族面談、そして養親になるための研修を経て、わたしはついに長女を引き取ることができた。その後も、子どもの状態や家庭環境をチェックするために養子縁組機関の職員が何度も家にやってきた。そのたびにバタバタと家を片づけることになり、かなり緊張もしたけれど、養子の子どもが引き続き見守られているということに心強さを感じた。

生みの親について

すでにお話ししたとおり、「独身でも養子縁組ができる」ということをわたしは2008年頃にネットで知った。韓国の保健福祉部は国内養子縁組を活性化させるために、2006年末に養親の資格条件から〝婚姻中であること〟という内容を削除した。

現行の「養子縁組特例法」施行規則には、養親の年齢について「25歳以上で、養子となる者との年齢差が60歳以内であること」という規定があるだけで、独身者に関する規定はない。ただし養子縁組機関のホームページには、養親が独身者の場合は「35歳以上で、養子縁組対象児との年齢差が50歳以下であれば、養子縁組が可能」と記載されている。

「養子縁組特例法」には「養親となる者は、一定の経済的水準、児童の福利に反しない職業を持ち、犯罪歴および薬物依存症の既往歴がないことなどの要件に符合しなければならず、家庭裁判所は養親となる人の養子縁組の動機と養育能力、その他の事情を総合的に考慮して養子縁組の可否を決める」という規定もある。養子縁組機関の社会福祉士は、「独身者が養子縁組を希望するときは、夫婦の場合より厳格に審査をする」と言っていた。

養子縁組機関は、娘たちの実親に「非婚者が養親になってもいいかどうか」を確認した。生みの父母がこれに同意したので、わたしは2人を養子に迎えることができた。

彼らはどうして非婚者が養親になることに同意してくれたのだろう？　たとえひとり親家庭に偏見がないとしても、わざわざ非婚の養親希望者を好む理由はない。むしろ、未婚のまま出産した母親が「自分ひとりで育てるよりも両親がそろった家庭のほうが子どものためになる」と考えて、わが子を養子に出すことのほうが多いはずだ。もしかしたら父親にあまりいい記憶がなくて、非婚女性の元に養子に出したほうがいいと判断した可能性もなくはないけれど、実際のところは早く養子縁組先を見つけたかったのだと思う。社会福祉士の話によると、娘たちは他の養親候補者に養子縁組を断られたことがあったらしい。

わたしより先に娘たちと出会った養親希望者は、かわいらしくて元気いっぱいな2人をどうして引き取らなかったのだろう？　韓国では、養子縁組の事実を隠したがる傾向があるからかもしれない。自分が産んだ子として育てようと考えている人は、血液型が同じ子や外見が似ている子を選ぶ。生みの親の学歴や経歴にこだわる養親希望者もいるらしい。未婚出産でも子どもの父親にあたる男性が高学歴で専門職に就いているとか、犯罪歴がなく、あらゆる面において条件のいい親から生まれた子どもが好まれるという。

養子縁組機関では、養親希望者に養子候補となる子どもの基本情報を教えてくれる。もちろん、生みの親の特定につながる情報は除外されるけれど。養親がどうしても偏見を捨てられないせいで、あとから縁組成立に問題が生じるくらいなら、子どものバックグラウンドをあらかじめ知らせておいたほうがお互いのためだろう。

養子縁組機関やリーフレット、記事などを通して知った、子どもを養子に出す実親の事情は似たようなものが多かった。成長期の家庭崩壊、これに前後する親の放任や虐待、学校の中退と家出、異性との同棲、望まない妊娠がお決まりのように続く。

親との関係に問題がある女性は、異性に依存することになりやすい。その結果、安定した家庭を築けない男性と交際したり、次々と恋人を変えたりといった悪循環が生まれる。

こうした内情を知ると、どうして自分で子どもを育てないのかとは言えなくなる。彼らに必要なのは、家を出て経済的に自立することではなく、心の安定だったのかもしれない。わが子を手放した彼ら自身も、幼い頃に実親の元を離れて、もっと環境のいい家庭で育てられたほうがよかったのではないかと思った。

わたしの母と娘たちの関係
——おばあちゃんの愛

生後3カ月の長女を養子に迎えたとき、わたしは残っていた有給休暇をすべて使って、2週間ほど自宅で子育てに専念した。その後は自分の実母に面倒をみてもらおうと思っていた。それが無理なら住み込みのベビーシッターを雇い、それもうまくいかなかったら育児休暇を取って公務員試験の勉強をしようかとも考えていた。

わたしが養子を迎えたのは、母のためでもあった。母には何の楽しみもなかった。実家の家族との関係もほぼ途絶え、わたしたち娘や息子との関係もよそよそしく、趣味もなければ友達もいなかった。不幸な結婚生活のせいでほとんどの人間関係が断たれ、そのせいで離婚もできずにいた。わたしたちが独立してからは、父との破壊的な夫婦生活が母に残された唯一の人間関係だったからだ。老後の備えがなく、経済的にも困窮していた。

母がベビーシッター代を受け取って娘の面倒をみてくれれば、精神的にも経済的にもお互いにとってベストだ。孫に愛情が湧けば、父の元を去る勇気も芽生えるのではないかという期待もあった。母は別の孫たちの面倒をみていたこともあったけれど、すぐにやめてしまった。孫とも親しくなれない母にとって、嫁や婿とうまくつき合うのはいっそう難しいことだった。孫たちはおばあちゃんになつかず、成長するにつれてどんどん距離ができて、旧盆や旧正月のときにちらりと顔を合わせる以外はまったく交流がなくなった。

母は自分の子どもの中で、配偶者のいないわたしをいちばん話しやすい相手だと考えていたらしい。相談ごとがあるときなどは、まずわたしに連絡をしてくることが多かった。婿のいない娘の家で孫の世話をするのなら、母もラクな気持ちで孫と親しくなれるはずだ。母はとても暑がりで、夏場は裸同然で過ごす人だから、婿や嫁と一緒に過ごすのは難しかった。実際、母に娘たちの面倒をみてもらうことになってから夏の夜に帰宅すると、3人は話題のMBCドキュメンタリー番組「アマゾンの涙」[6]に登場する部族のようにほぼ素っ裸の状態だった。

養子を迎えると言ったら反対されることが目に見えていたから、はじめは両親に知らせ

6 「宮廷女官 チャングムの誓い」「イ・サン」のスタッフが制作し、キム・ナムギルがナレーションを担当。

ていなかった。長女を引き取るやいなや住民センターに駆けつけて出生届を出したのも、母が赤ちゃんを返してこいと言い出すにちがいないと思ったからだ。案の定、母は養子縁組のことを知ると、かんかんになって「すぐに返してきなさい」と言った。わたしは「もう出生届を出したから、そんなことをしたら警察に捕まるよ」と母を説き伏せた。

驚くほどうまく赤ちゃんをあやす母

ちょうど秋夕[7]の連休中だった。わたしは長女を実家に連れていった。母は無関心を装っていたけれど、愛らしい赤ちゃんに目がいかないはずがない。「有給を使いきったら職場に復帰するから、お母さんに面倒をみてもらえないなら住み込みのベビーシッターさんにお願いするね」と話した。母は結局、わたしの仕事に支障が出ることを心配して、子育てをサポートしてくれることになった。

母はぶっきらぼうで、愛情表現を知らない人だった。幼い頃のことを思い返すと、母に大声で怒鳴られて悪態をつかれ、叩かれた記憶が多い。苦しい生活の中でストレスが極限に達していて、いつもピリピリしていた。かろうじて小学校を卒業しただけの母は、文章よりもしゃべりが達者で、罵詈雑言のバリエーションが豊富だった。わたしたちきょうだいは、悪態の饗宴が繰り広げられる趙廷来《チョジョンネ》の小説『太白山脈』にも出てこないような、猟奇的でパンチのきいた罵倒を聞いて育った。直接的には、わが子に無関心な父よりも、毒舌と呪いの言葉を浴びせてくる母にかなり傷つけられた。将来、自分に子どもができても母に預けることは決してないだろうと思っていた。

ところが、母の性格は年を取るにつれてかなり丸くなった。昔に比べればストレスの原因が減り、家族そっちのけで出歩いていた父親は家で一日中テレビを見るようになって、何から何まで母に面倒をみさせてはいたけれど、老いて病気になってからは以前ほど威圧的ではなくなった。母は子どもたちが全員巣立った家で寂しさに駆られて人を恋しがり、昔より優しくなっていた。

しかし、気になっていたのは母の衛生観念の低さだ。わたしが早く大人になって実家を出たいと思っていた理由のひとつはゴキブリだった。ゴキブリのいない家で暮らしたかった。幸いなことに、母はわたしが伝えた注意事項をきちんと守り、わが家では衛生面にとても気を遣ってくれた。

もっと驚いたのは、赤ちゃんに対する母の態度だった。母は長女を上手にあやしてなだ

7　旧暦の8月15日。家族や親戚が集まって、墓参りや祖先祭祀を行う。

め、ほがらかに冗談を言いながら、わたしたちには一度も見せなかった愛情たっぷりの姿を見せてくれた。自分が子育てをしていた頃は義実家での同居生活に苦労し、農作業と家事、のちには夫の代わりに大黒柱となって働いていたから、子どもたちとのんびり過ごして愛情を表現する暇がなかったのだろう。母は愛を知らない人ではなく、そうする時間的、精神的な余裕がなかっただけだった。

＊＊＊＊＊

バラク・オバマ[8]はある日、エレベーターで若い黒人男性と乗り合わせたとき、白人の祖母がぎょっとして警戒している様子を目にしたという。黒人男性には犯罪者が多いという偏見に、祖母も縛られていたのだ。しかし、祖母は非白人の孫をこの世の誰よりも大切にして、大統領となる人物に育て上げた。

血縁を重視する伝統的な家族観にとらわれていたわたしの母もまた、まったく血のつながりのない孫たちに惜しみない愛情を注いだ。人間がそれまでに積み上げてきた固定観念と経験の限界を超えさせるもの、それがまさに愛の力だ。愛はこり固まった心を溶かし、真の変化をもたらしてくれる。

「ふつうの家族」からの解放

次女の養子縁組のときも母に話せば反対されることがわかっていたので、きょうだいにだけ打ち明けて手続きを進めた。わたしが長女を養子に迎えてからも、母は「早く結婚して父親を作ってあげなさい」と言い続けていた。あげくのはてには「お父さんを作ってください」と長女に言わせる始末だった。次女を養子に迎えると、わたしに結婚するつもりがないことを母も受け入れたらしく、もう何も言われなくなった。

中学生の頃からずっと、わたしは母に離婚を勧めてきた。父さえいなければ、うちの家族は幸せに暮らせるはずだった。それでも母は離婚せず、わたしたちきょうだいは独立に欠かせない心理的な安定感も経済基盤もないまま、逃げるように社会に飛び出して、さまざまな苦難にぶつかった。不幸な実家から逃れようとして、不幸な結婚生活に突入してしまうケースもあった。

こんなふうに不幸は受け継がれる。子どもの頃に十分な愛を受けられなかった人は心の

8 第44代アメリカ合衆国大統領。ケニア人の父親と白人アメリカ人の母親との間に誕生。母の再婚後、10歳からハワイ州ホノルルで母方の祖父母に育てられた。

飢えを満たしてくれる新しい家族を作りたがるけれど、「異性と結婚しなければ家族を作れない」という固定観念のせいで落とし穴に落ちることがある。

母はありとあらゆる苦労をしながらわたしたちを食べさせて勉強させてくれた。でも、父と別れなかったせいで子どもを安全に保護することには失敗した。配偶者が子どもの安全と幸せを脅かす存在になることはめずらしくない。両親がそろっている家庭こそが正常だという固定観念が子どもに害を及ぼしてしまう。

母は自分が結婚に失敗したことを知りながら、なぜわが子に結婚しろと言ったのだろう？　母の周りには結婚に成功した人もいれば、そうでない人もいる。韓国の高い離婚率と、どう見ても離婚したほうがいいのに離婚していない人の割合を考えると、結婚の半数は失敗しているのではないだろうか。50%という成功率は、人生を賭けるほど高い確率とはいえない。

結婚のリスクは大きいけれど、回避する方法もあまりない。たとえば、経済観念のない配偶者を結婚前に見抜くのは難しい。結婚生活の主導権を握っていると信じていた男性でさえ、離婚した配偶者の借金を返済し続けなければならない状況に陥ることもある。おまけに韓国では相手の同意がなければ離婚できない。配偶者が離婚に応じてくれないときは、結婚生活を続けられない重大な問題行為があることを裁判で立証しなければならず、その過程で途方もないエネルギーを消耗して、さまざまなぶつかり合いを経験することになる。別れたら痛い目に遭わせてやるとか、自殺してやるとほのめかして、強引に離婚を阻止しようとする人もいる。ひとりでは生きていけそうにない未熟な配偶者が心配で、別れたくても別れられない人もいる。

わたしの母は、精神的にいつまでも大人になれなかった健康な成人男性の世話に人生の大半を捧げた。その献身の心を本当に困っている恵まれない人々のために発揮できていたら、母は立派な慈善家になっていたことだろう。

＊＊＊＊＊

わたしは2人の養子を迎えて安定した家族を作ることによって、たしかな幸せを手に入れた。会社勤めとの両立のためには子育てをサポートしてくれる人が必要で、娘たちと毎日一緒に過ごす時間をたっぷりとるのは難しいけれど。

それは、結婚していたとしても同じだったと思う。男性が専業主夫になるケースはほとんどないし、わたしも専業主婦になるつもりはなかったから。もし結婚をすれば、夫がどんな人なのか、夫婦関係はどうなのかによって想定外のことが起こり、わたしと娘たちの生活が左右されることもあるだろう。すでに幸せな状態で、あえて想定外の要素を追加することには慎重にならなくてはいけない。

不幸な結婚生活を送った母は、わたしと娘たちの幸せな暮らしを見ても、しばらくは「結婚は絶対にしなくてはいけない。子どもには母親と父親の両方が必要だ」という固定観念から抜け出せなかった。それほどまでに〝ふつうの家族〟という概念はいまだ根強く残っている。

母は長女にわたしを「オンパ」と呼ばせようとしたこともあった。オンマ[9]とアッパ[10]、両方の役割を果たすという意味からだ。

9 ママ、お母さんを意味する韓国語。
10 パパ、お父さん。

子どもは一日に100回、ママを呼ぶ
――育児にはおとなの基準が通用しない

長女がはじめて「オンマ」と言ったのがいつだったたか、正確な日付までは覚えていない。雪の日に長女を抱っこして銭湯に向かう道すがらだった。ご機嫌で「オンマ！　オンマ！」と歌うように繰り返しはじめた長女と一緒に、「オンマ！」と連呼しながら雪道をそろそろと歩いた。

赤ちゃんは満1歳ぐらいから歩きはじめ、2歳前後で言葉を発するようになって、おむつがはずれる。子どもにとっては、オンマと発音の似たマンマ[11]という言葉も使い道はほぼ同じらしい。とにかくひとたびオンマという言葉を発したら、一日に100回ぐらい〝オンマ〟を呼びまくるようになる。泣くときと同じように、意味はそのときどきで違う。「おなかすいた」「おしっこ」「眠い」「のどが渇いた」「ただ呼んだだけ」「あれは何？」。

11　ごはん。日本語のまんまと同じ。

あらゆる内容が「オンマ！」という言葉に込められている。

はじめて聞いたときはとても感動したけれど、ひっきりなしに呼ばれるとへとへとになってしまう。育児ストレスというものはたいてい、肉体労働より精神労働や感情労働から始まるものだ。あまりにも多くの要求が含まれているから、意味を汲み取って対応するのに身も心も大忙し。かわいらしい声で呼ばれるときもあれば、催促するように呼ばれることもある。子どもの度重なる要求に疲れてくると「お願いだから、もうオンマを呼ばないで〜」という気持ちになってくる。

子どもが2人になると忙しさも2倍になる。週末に家で映画を観ようとしても100回ぐらい一時停止することになるので、内容がまったく頭に入ってこない。少し観たらおやつを食べさせて、また少し観たところでおむつを換え、また少し観たら子どもが散らかしたものを片づけて、もう一度再生しようとしたところで何かを聞かれて答え、また一時停止して食事のしたくにとりかかり、きょうだいゲンカを止める。そうこうしているうちに、あっという間に一日が終わっていく。

子どもはあらゆることを大人の10倍くらい敏感に感じるようだ。寒ければ唇が真っ青になり、おなかがすくと不機嫌になって、眠くなったらいきなり寝る。おとなの基準で考えるのではなく、すぐさま子どもの要求に応じなくてはいけない。泣き方や身振り、「オンマ」と呼ぶ声のイントネーションや表情を見て、すばやく状況を判断して対応するようになった。

離乳食作りはクッションの城壁とともに

おむつは当時人気のあった外国産のものを使い、肌着だけを新たに購入して、外出着は姪っこのおさがりを着せていた。でも、口に入るものはオーガニックや抗生物質不使用にこだわり、国内唯一のオーガニック粉ミルクを飲ませていた。

小児科医が執筆した離乳食の本に「動物性たんぱく質を必ず食べさせること」とあったので、抗生物質不使用のオーガニックのチキンと韓牛[12]に野菜と米を混ぜて離乳食を作った。どういうわけか豚肉はオーガニックのものが見当たらなかったので、鶏肉と牛肉を代わるがわる食べさせた。参考にしていたこの本にも、豚肉を使ったレシピはなかった。

週末に離乳食をまとめて作って冷凍保存しておき、1週間にわたって食べさせた。まだ

12 韓国原産の銘柄牛。

刺激的な味を知らない長女は、あまりおいしいとは思えない同じメニューの離乳食をもりもり食べた。わたしの家族は、長女が元気にすくすく育ったのはオーガニック韓牛をたくさん食べたおかげだと言う。

当時の家はキッチンがとても狭かったので、わたしは保存容器を床に並べて離乳食を鍋から移していた。この作業をするときは部屋にいる長女がキッチンに入ってこないように、クッションや枕を積み上げてバリケードを作った。離乳食を作っていると、長女はクッションに突進して城壁を崩していく。クッションを積み直しても少しもひるむことなく、疲れを知らずに突進を続けた。こうした攻防戦の中で離乳食をすべて保存容器に移し替えて冷まし、冷凍室に入れ終わったら、ようやくクッションの城壁を解体する。ハイハイにはものすごい体力が必要だ。まねをしてはってみたことがあるけれど、すぐに疲れてしまった。ところが長女は猛烈な勢いで一日中はって動き回り、世の中を探検した。

赤ちゃんがハイハイを始めるようになったら、親は片時も目を離せない。どんな事故が起こるかわからないからだ。わたしは歩行器こそが親のための発明品であることを知った。他のママさんも「歩行器がなかったら何もできませんよね」と言っていた。

ひとり座りができるようになる前に歩行器を使ったり、長時間乗せ続けたりするのはよくないといわれる。わたしの経験から言うと、ハイハイを始めたタイミングで使いはじめるのがいいと思う。ハイハイができるようになったら、そのうちつかまり歩きをするようになるからだ。もちろん、歩行器を使っていればすっかり安心というわけではなく、玄関の段差などで転倒しないようにいつも気を配っていた。

娘たちを通して知る福祉の改善

赤ちゃんは予防接種が多い。接種のスケジュールは満1歳前後に集中している。小さな体にこんなにたくさんの注射を打っても大丈夫なのかしらと心配になってしまうけれど、乳幼児死亡率が劇的に下がったのはたしかに予防接種のおかげだと思う。

BCG（結核）の予防接種のとき、無料の皮内注射よりも痛みが少なく、傷跡が残りにくいと聞いて、有料のハンコ注射を選んだ。[13] 針が9本もついた器具はまるで拷問道具のように見えた。他の注射のときは平気だった長女も、そのハンコ注射を腕に2回も押しつけられたときはうわーんと泣き出した。長女の腕には今も18個の針の跡がくっきりと残っている。次女のときは、保健所で一般の皮内注射を打つことにした。どのみち傷跡が残るな

13　韓国では注射器を使う皮内法が主流。日本では1967年からハンコ注射こと管針法のみ。

ら、ひとつで済んだほうがいいから。

養子の子どもたちは医療給付金のサポート対象になる。健康保険がきく医療費の自己負担額が免除されるのだ。養子であることを健康保険証に記載して病院で給付を受けることもできるし、銀行口座にあとから振り込んでもらうこともできる。養子であるという理由で娘たちが差別を受けることのないように、念のため事後支給を選んだ。

実際のところ、韓国では保険外診療で医療費の負担を感じることが多く、保険適用の自己負担額で困ることはあまりない。うちの娘たちは病院に行くことも少ないから、給付される金額は微々たるものだけれど、それでもないよりはずっといい。

長女のときはかなり高額だった任意接種の予防接種も、次女を引き取った頃には健康保険が適用されて安くなった。保健所に行かないと無料で受けられなかったワクチン接種も、次女のときには病院でも無料接種をしてもらえるようになった。長女が赤ちゃんの頃は仕事で保健所の受付時間に間に合わず、やむなく病院で自己負担の予防接種を受けたこともあったのだ。娘たちは毎年、インフルエンザの予防接種も無料で受けている。

医療や社会福祉が急速に改善されていることを感じる。2人の養子を育てながら、選択的福祉よりも普遍的福祉[14]に助けられることが多い。今は定期接種の時期を携帯電話のショートメッセージで知らせてくれるので、うっかり期限を過ぎてしまう心配もない。

小さな子どものお風呂&トイレ

次女を養子に迎えた頃は商住混在ビルで暮らしていた。すきま風がひどくて、トイレ&シャワーブースの気温は外とほぼ変わらず、冬になると吐く息が白くなるほど寒かった。長女のときはベビーバスにお湯をためて入浴させていたけれど、この家では無理だと思い、次女は台所のシンクですばやくお風呂を済ませることにした。シンクは小さな赤ちゃんの浴槽代わりにぴったりのサイズだった。

入浴を終えると、すぐに大きなバスタオルで体を包んで拭いてやり、全身にベビーオイルを塗る。長女はとてもくすぐったがりでキャッキャと笑いながら体をよじらせまくったが、次女はオイルマッサージをしてあげると気持ちよさそうな顔で身を任せていた。

トイレトレーニングが完了しておむつを卒業しても、子どもがトイレをガマンするのは難しい。そこで、外出するときはいつも家を出る直前に娘たちをトイレに行かせ、目的地や中間地点のトイレの位置をあらかじめ調べておいた。小学校に入るぐらいの年齢になる

14　無償給食や育児手当など、すべての人に提供される福祉サービス。

と、大人ほどではないけれど、外出中に困ることはなくなる。ソウルのような大都市では10分ぐらいガマンすればすぐにトイレが見つかるからだ。とはいえ、小学校低学年までは映画館や劇場で観覧中に席を外してトイレに行かなくてはいけないことがときどきあった。

韓国は２００２ＦＩＦＡワールドカップを境に、公共機関の努力や市民の運動によって、どこでもきれいな公衆トイレを無料で利用できるようになった。有料トイレの多い北ヨーロッパを旅して以来、韓国のトイレ環境のありがたみを実感するようになった。

「お姫さま、それはなりません」

愛する存在ができると、無口でぶっきらぼうだったわたしもいろいろな愛称を使うようになった。長女のことは〝蜂蜜《クル》のように甘くかわいらしくて、ぷりぷり《テンテン》したお肌の子〟という意味を込めて、「クルテンイ」[15]と呼んでいた。長女は何か気に入らないことがあると、たちまち顔をしかめてぎゃあぎゃあ《エンエン》泣きわめく。そんなときは、「エンエンイ」と呼んだ。「お姫さま《コンジュママ》」と呼ぶこともあった。美しいものが大好きで、愛されたがりの〝お姫さまタイプ〟である次女をそう呼ぶことが多かった。娘たちにお姫さま病[16]になってほしかったわけではない。お姫さまのように上品で節度ある行動を取ってほしいという願いを込めた愛称だ。韓国時代劇のように「媽媽様《ママニム》」[17]と呼んだり、英語で「レディー○○」と呼んだりもした。

食事中に片足を食卓の上に乗せるなど、娘がお行儀の悪いことをしたときは「お姫さま、それはなりません」と止めた。奇声を発したり、鼻をほじったり、非常識なことをしたら「お姫さまはそんなことしないでしょ？」と注意する。頭ごなしに叱りつけるよりも、「お姫さまだったらどうするかな？」と自分を振り返らせる教育方式のほうがずっと効果的だと思う。

お説教をするときは、あえて「わたしの愛する人」「my dear」「my love」「darling」という言葉を使った。「かわいい子ちゃん」と呼ぶことも多いし、「この世でいちばん美しい○○お姫さま」と長い愛称を使うこともある。

娘たちを「お姫さま」「媽媽様」と呼んでいると、必然的に敬語で話しかけることになる。お姫さまの母親であるわたしは女王さまなので、娘たちももちろん敬語で答える。韓

15 「イ」は愛称や名前につける「ちゃん」のような言葉。
16 甘やかされて育ち、ワガママでいつでもお姫さま扱いされたがる女性。
17 宮中で位の高い女性を呼ぶ敬称。

国では、子どもであっても家族以外の人との会話は敬語が基本だから、幼いうちから身につけておいたほうが社会生活に有利だ。親とためぐちで話している子どもは、親戚や保育園の先生にもためぐちを使ったり、敬語に慣れていないせいで大人と話すのを避けるようになったりする傾向がある。

敬語を使いこなせるようになるには、まず聞き慣れなくてはならない。わたしは意識的にたくさん敬語を使った。娘たちが成長するにつれて、くだけた口調で話すことが増えてはいったけれど、乳幼児の頃はためぐちと敬語が半々ぐらいだった。公園で娘がわたしに敬語で話しかけるのを見て、横にいたお友達が「どうしてオンマにそんなふうに話すの？」と不思議そうな顔をすることもあった。娘たちが保育園や文化センターの先生とたくさんおしゃべりをして親しく過ごせたのは、敬語に慣れていたおかげだったのではないかと思う。

ふだんはこんなふうに丁寧な言葉で話しているけれど、育児ストレスがピークに達すると、「お姫様」はたちまち「トンカンアジ[18]」「トンケ[18]」、「パンクトンク[19]」に降格する。娘たちは一日の中で何度もお姫様からトンケになり、またお姫様になってはトンケになった。

もちろん、こんな言葉は一方的に使うわけではない。「このパンクトンクめ！」「パンクトンクはオンマでしょ！」「違うわよ。あなたがパンクトンクでしょ！」という幼稚な言い争いが延々と続く。

ある日、大型スーパーで買い物をしていたら次女が勝手にどこかへ行ってしまい、イライラしたわたしは「トンケ、どこなの？」「トンケ〜！」と叫びながら店内を探し回った。次女を見つけたとき、そばにいたおばあさんが「こんなにかわいらしいお嬢ちゃんがトンケだったなんてねぇ！」とにっこり笑った。一方、長女は成長するにつれて、おかしな呼び方をしないで名前で呼んでほしいと言うようになった。「約束を破ったら罰金だからね」と言い、わたしがうっかり「レディー○○！」「かわい子ちゃん！」と呼ぶと、手のひらを差し出した。

辛くてしょっぱい食べ物が好きだけれど

子どもはすぐにおなかがいっぱいになって、またすぐにおなかをすかせる。幼児の頃は

---

18 どちらもノラ犬や雑種犬を意味するが、子どもや孫を呼ぶときにも使われる。
19 おならとおしりの穴を組み合わせた造語で、気に入らない相手を呼ぶ言葉。シチュエーションコメディ『明日に向かってハイキック』に登場し、下品だと批判されつつも流行語になった。

一日に10回ぐらい食事をして、小学生になっても一日6食ぐらいは食べていると思う。ちょこちょこ食べる娘たちのために何度も食事の用意と片づけをしていると、一日があっという間に過ぎていく。

子ども向けの優しい味付けは大人の口には合わないので、自分用の食事を別に準備することもある。大人でも刺激的な料理はなるべく避けたほうがいいから、子どもと同じものを食べている人も多いかもしれない。でも、わたしはストレスがたまると辛くてしょっぱい味付けの誘惑に勝てなくなる。しかし娘たちの好みは、わたしがあまり口にしない甘い味付けだ。

娘たちがちょっと口をつけただけで「もういらない」と残した料理を食べ、自分の口に合う料理まで用意していると、体重が一瞬で増える。これではいけないとハッとして、これからは娘たちが残したものだけを食べようと決意を新たにする日々だった。

心を込めて料理したのに子どもたちがほんの少ししか食べてくれないときは、どうしてもストレスを感じてしまう。30分か1時間経つと、また「おなかすいた」と言い出すことがわかっているから、今のうちにもっと食べておきなさいと強要したくなる。こうした問題で子どもを虐待してしまう母親や保育園の先生も多いと聞く。

でも、どうしても食べたくて自分のために作った料理でも残してしまうことはある。子どもはいつも出されたものを食べるしかないわけだから、残してしまうのも無理はないと考えるようになった。ほんの少しだけ食べさせて、いつもおなかのすいた状態にしておけば残さずに食べてくれるだろうけれど、そういうわけにもいかない。そこでわたしはメンタルを鍛えつつ、自分用のメニューは作らないか少量にして、娘たちの残り物を食べるようにした。

娘たちが夜遅い時間に夕食を残したときは「残してもいいけど、これが今日の最後のごはんだよ。もしあとでおなかがすいても、このごはん以外のものは食べられないからね」と念を押す。子どもの好きなように食べさせていると、すぐにパンやお菓子でおなかを満たそうとする。糖分が多いお菓子や栄養バランスの偏った高カロリーのおやつは、主食できちんと栄養を摂ったうえで少しだけ食べさせるようにした。

わたしには間食をする習慣がない。パンやケーキ類、スナック菓子、アイスクリーム、フライドチキンなどはほとんど食べず、炭酸飲料も飲まないので、最初は子どもたちにも与えていなかった。あるとき、長女は飲食店で海鮮チヂミを見て「ピザ」と言った。絵本でしか見たことがなかったから、チヂミをピザだと思ったらしい。その後、長女がはじめて本物のピザを食べたのは3歳頃だった。体にいいわけではないけれど、自分が食べないからといって子どもたちにも与えないのはまちがっている気がして、最近はあえてときどき食べさせている。

くだものや野菜は冷蔵庫に常備し、肉も意識して食卓に出す。わたしの好物は辛い麺料理だけれど、小麦粉の摂りすぎに注意して、ラーメンよりもフォーやトック[20]、カルグクスやうどんを選ぶようにしている。

当然のごとく、娘たちの食の好みはわたしそっくりになってきた。キムチチヂミが大好きで、麺料理も好きだし、洗ったり皮をむいたりしたくだものを置いておくと、お皿ごと持っていってあっという間に空にする。サンチュ包み[21]や野菜のおかず、小魚も好きだ。わたしや祖母、おばに似て、食べられない韓国料理はほとんどない。

保育園のごはんに助けられる

そのおかげで、保育園や学校での集団生活もスムーズに送ることができている。先生は子どもたちに食事マナーを教えながら、決まった時間内に食事を終えられるように指導する。保育園や学校で一人ひとりのペースに合わせるのは現実的に難しいから、好き嫌いをせずにしっかり給食を食べる手のかからない子のほうが先生もきっとラクだと思う。

子どもを保育園に通わせるいちばんのメリットは、おやつとお昼ごはんを食べさせてくれるということだ。小学校に上がると朝は牛乳しか支給されないけれど、保育園では朝食代わりになるにゅうめん、おかゆ、パンなどを出してくれるので、親としてはありがたい。小学校以降も簡単な朝ごはんが支給されるようになれば、子どもたちの福祉がぐんと向上すると思う。

朝7時半に娘たちを保育園に預けて出勤するときは、起こすのはもちろん、朝ごはんを食べさせるのもひと苦労だ。朝型の次女は赤ちゃんの頃からすんなり朝ごはんを食べてくれたけれど、寝起きの悪い長女は食欲がなくてほぼ空腹で家を出ていた。次女も朝ごはんをたくさん食べるほうではなかったから、9時半〜10時頃に保育園で出る軽食にとても助けられた。お昼ごはんのあと、午後3時半頃になると、またおやつを食べさせてくれる。

娘たちが通った区立保育園では午前・午後のおやつとお昼ごはんのサンプルが毎日陳列され、保護者が確認できるようになっていた。当時、娘たちの送り迎えとわたしの帰宅までの世話をしてくれていた母は、食事がしっかりしていると言って、その保育園をとても

20 餅入りスープ。
21 肉や味噌、ごはんを葉野菜で巻いて食べる料理。

信頼していた。

子育てのために4度の引っ越し

最近は、地方自治体の育児総合支援センターでおもちゃを無料でレンタルすることができる。センターから徒歩10分の距離に住んでいた頃は、土曜日の午前中に毎週おもちゃを借りに行っていた。長女はサイズの大きなおもちゃが好きだったので、わたしは折り畳みキャリーカートを持参して、室内すべり台やキッズパトカー、ままごとキッチンなどをよく借りてきた。

巨大なおもちゃをカートに載せ、落ちないようにひもでぐるぐる巻きにして引っ張りながら帰宅していると、すれ違う人にじろじろ見られた。「お母さんはすごいねぇ」とでも言いたげに、立ち止まってしばらくこちらを眺めるおじいさんもいた。プラスチック製だから重くはなかったけれど、大きなおもちゃを引っ張りながらくねくねした狭い路地を抜け、家までの階段をのぼるのはなかなか大変だった。当時住んでいた家にはエレベーターがなかったのだ。

母親は子どもの笑顔に弱い。子どもが喜ぶ顔を想像すれば、多少のことには耐えられる。

無料レンタルのおかげで、娘たちはいろいろなおもちゃで楽しく遊ぶことができた。

　子育てをしていると、生活のすべてが子ども中心になる。わたしは子育てのためだけに4回も引っ越しをした。ひとり暮らしの頃はどこに住もうと関係なかったから、交通の便がいいエリアのワンルームマンションを購入して多少の資産を蓄えることができた。ところが子育てを始めると物件選びの制約が増え、育児のしやすさと学校や会社の立地に合わせて追われるように引っ越しを繰り返し、全国にあふれ返る「持ち家なし」のひとりになった。

　母に子育てをサポートしてもらうために実家の近くに引っ越したこともあったし、娘たちにしっかり朝ごはんを食べさせて面倒をみる時間を少しでも多く確保しようと会社の徒歩圏内に引っ越したこともある。最終的には、出勤前に娘たちを預けられるように、保育園と小学校、地下鉄3号線の駅から徒歩5分以内に位置する新築のヴィラ[22]を購入した。当時は賃貸物件が少ない時期だったから、思いきって買うことにしたのだ。もしもとはこの立地条件に合うマンションを買おうとしていたのだけれど、「入り口が坂になっていて不便だから、平地のヴィラを買いなさい」と母に勧められた。最新設備が整った高級マンシ

22　5階以下の低層住宅。

ョンではないけれど、マイホームができた。娘たちが大人になるまで、安定した環境で育てられることに満足している。

わたしが養子を2人迎えた理由
——きょうだいは喜怒哀楽をともにする同志

養子を迎えるなら2人にしようと最初から決めていた。わたしが両親からもらったいちばん大きなプレゼントはきょうだいだから、自分もわが子に姉妹というプレゼントを贈りたかったのだ。

両親と親密に過ごす時間は少なかったけれど、わたしと兄、姉、妹の4人は喜怒哀楽をともにする同志だった。土曜日の夜になると、壁にもたれたり、誰かのおなかの上に寝そべったり、肩を寄せ合ったりしながら、テレビの前に集まって「週末の名画」[23]を観た。本好きな兄が聞かせてくれる〝信じるか信じないかはあなた次第〟のお話に夢中になって、夜更かしをすることもあった。くだものやお菓子を食べる機会はあまりなかったけれど、ひょんなことからおやつをもらったときは、お互いの顔色をうかがいながら50~60個

23 MBCで放送されていた映画番組。

のみかんや数袋のお菓子を猛スピードで平らげた。

両親は不仲で、経済的にも苦しかった。わたしたちきょうだいは運悪く不幸な家庭に生まれてきた自分たちをお互いに気遣い、その力で子ども時代を耐え抜いた。苦労しているのは自分だけではなく、きょうだいも同じだから、決して不平不満を言ったり、グレたりするわけにはいかなかった。わたしたちは、心はボロボロでも表向きは優等生として学生時代を乗り切った。

苦しんでいる者同士の結びつきは強力だ。手と手を取り合っている分、誰かが倒れると他のみんなへの負担が大きくなる。だから、つらくても絶対にへこたれるわけにはいかない。自分の味方にまで苦労をかけるわけにはいかないから。


わたしの娘たちも今後の人生で偏見にさらされたり、さまざまな困難を経験したりすることがあるだろう。そんなとき、長女は次女を、次女は長女を見て、自分を客観視できると思う。自分のこととなると答えが見つかりにくいけれど、悩んでいる姉妹にどんなアドバイスをするかを考えて実践すれば、無用な自己憐憫や迷いから抜け出せるはずだ。自分と同じ悩みと苦しみを持つ姉妹がお互いを支える頑丈な柱になる。

幼い頃、つらいことがあるたびに「わたしと同じような境遇の人がいたら、どんな言葉をかけてあげるだろう」と考えていた。自分の問題を解決するのは難しいけれど、第三者のことだと考えるとはっきりした答えが見えてくることが多い。

きょうだいの理想的な年の差とは

姉が産んだ子どもたちを見ながら、きょうだいの年齢差は3歳がいちばん理想的だなと思っていた。1～2歳差はケンカが多くなりがちだし、2人の赤ちゃんを同時に育てるのも大変だ。年齢が近いと、きょうだい間の競争心も強くなる。4歳以上離れると共通点が減って、一緒に遊ぶのが難しくなる。その点、3歳違いなら成長スピードが違うから親の負担も少なく、きょうだい同士で共有できることも多い。

そういうわけで、わたしは長女を養子に迎えてから3年後の2013年に次女を引き取った。当時3歳の長女は、保育園での集団生活になじんで独立心を身につけていく段階だったから、妹の面倒を見て遊んであげる役割をしっかりこなしてくれた。

養子縁組機関で手続きを進める間、次女と面会するときはいつも長女を連れていった。長女は自分に妹ができることを知り、自分も妹と同じように養子縁組の手続きを経てわが家にやってきたことを自然に受け入れた。

長女のときは書類だけを見て養子縁組を決め、顔合わせの数日後に引き取ることができたので、「うちの子になったんだ」という実感と喜びが最初から強かった。ところが、次女のときは顔合わせ後も複雑な手続きが残っていて、この子を娘として迎えられるという確信が持てなかった。

養子縁組機関を訪問すると、次女はベビーカーでよだれをたらしながら眠っていたり、わたしが里親や社会福祉士と話している間、テーブルの上をはいまわったりしていた。何ごとにもポジティブで明るい長女は、赤ちゃんを不思議そうに見つめていた。ときどき、養子縁組機関内の保育所で一緒に過ごすこともあった。まだ〝うちの子〟として迎えられるかどうかはっきりしていなかったし、次女の面倒をみていた里親さんも同席していたので、気楽に接することはできなかった。面倒な手続きを早く終えて、養子縁組の許可が下りることだけを願っていた。

いよいよ次女をわが家に迎えたときは生後10カ月を超えていた。環境ががらりと変わって不安で混乱している次女にとって、3歳年上のお姉ちゃんは頼もしい存在だったことだろう。子どもを観察していると、自分と同じ〝小さな子〟に親しみを抱いて関心を示すということがわかる。次女が新しい世界に適応するとき、お姉ちゃんがいつもそばにいてくれて本当によかったと思う。

次女の養子縁組で感じた変化
――養子縁組の「タイミング」の難しさ

長女を養子に迎えたときも手続きが複雑だなと感じたけれど、次女との養子縁組はそれとは比べものにならないほど大変だった。提出書類や養子縁組機関での家族面談、養親研修の内容は前回とほぼ同じだったが、2012年に施行された養子縁組特例法改正により、養子縁組には実親による出生届の提出と家庭裁判所の許可が必要になった。

そのほかに変わった点は、家庭裁判所と提携する心理機関で心理検査を受けたこと。裁判所から自宅に調査員が派遣され、家庭環境のチェックも行われた。お年を召した調査官がやってきたときは、定年退職した裁判所職員の天下りかもしれないと思ってしまったけれど、悪印象を持たれないように必死で彼のとんちんかんなおしゃべりに調子を合わせた。

今回は知人の推薦状だけでなく、推薦者の印鑑証明書も必要だった。家族でもない相手に、不動産購入にも使われる印鑑証明書を頼むのは気が引けたけれど、以前の職場の同僚2人がまた協力してくれた。難しい頼みごとを聞いてくれた2人に感謝する一方で、どうにも腑に落ちなかった。政府機関が個人情報を把握している韓国では、身元を確認する方法なんて他にいくらでもあるだろうに。

養子縁組が決まる前に引き取る？

家庭裁判所では、養子縁組の可否の判断を他の案件より早めに進行するという。それでも、2013年のはじめに次女の養子縁組を申請して、許可が下りたのは10月末だった。

赤ちゃんの人見知りは6カ月前後で始まって、12カ月を過ぎると緩和されていく。つまり、わたしは次女を生後10カ月という人見知りがいちばん激しい時期に引き取ることになったのだ。まったく人見知りのない3カ月の長女を育てたときとはまるで違う経験だった。

養子縁組機関もこの問題を認識していて、裁判所の許可が下りる前に里親として子どもを引き取ってはどうかとすすめられた。ちゃんと子どもを育てられることを証明すれば、裁判所の審査にも有利になるという。でも、必ず養子縁組の許可が下りるとはかぎらない。すでに養子をひとり迎えている点は評価されそうだけど、判事はわたしが非婚であることを問題視するかもしれない。独身女性が子どもを2人も育てるのは難しいと判断される恐れもある。わが家で数カ月育てた後にもし許可が下りなかったら、また養育環境が変わる赤ちゃんが受けるショックは大きいだろう。だから養子縁組が確定するまでは、もともとの里親家庭で引き続き育ててもらうことにした。

このような〝養子縁組を前提とした子どもの引き取り〟は、2020年のジョンイン ちゃん事件[24]発生以降、「養子縁組ショッピング」という言葉で非難されるようになった[25]。ただし、これはわたしが経験したこととは意味合いがまったく違う。当時、養子縁組機関の社会福祉士は子どもの人見知りと新しい環境への適応を心配して、生後5～6カ月のうちにまず引き取って育ててはどうかとアドバイスしてくれたのだ。実際にそうできていたら、養子縁組後に次女とわたしが大変な苦労をすることもなかっただろう。

24 2020年10月、1歳4カ月の女児が養子縁組先で虐待死した事件。BTSのジミンら著名人が追悼コメントを発表したことで大きな注目を集めた。

25 事件発生当時、文在寅大統領が記者会見で児童虐待事件の再発防止について質問され、「養親の気持ちが変わることもあるため、一定期間中は取り消したり、子どもと合わなければ変えたりというかたちで養子縁組ができるような対策が必要だ」と発言。「養子を返品可能なものに例えた」と国民の非難が殺到した。

新しい環境を拒否した次女

家庭裁判所の許可が下りると、怒涛の日々が始まった。次女は一夜にして養育者が変わったことをとても不安がり、ひきつけを起こしたように震えながら大泣きした。

すでにお話ししたとおり、養子縁組が確定するまでの数カ月間、わたしと長女は何度も次女に会いに行って一緒に遊んでいた。それでも養育者と環境ががらりと変わるというのは、里親を母親だと思っていた次女にとって、世界が崩れるような衝撃だったにちがいない。命の危険を感じているかのような、切羽詰まった泣き声が家じゅうに響き渡った。次女をあやしながら、この子は将来ロック歌手になるかもしれないと思ったくらいだ。夜通し泣き声が続いて、わたしと長女はあまり眠れなかった。当時の家は商住混在ビルだったからよかったものの、もしアパートやマンションだったら、ご近所さんに通報されて追い出されていたかもしれない。

次女がやってきてから数カ月後にマンションに引っ越した。そこでも一度泣きはじめると、マンションの敷地じゅうに大きな声が響き渡った。幸いなことに不安症状はしだいにやわらいで、激しく泣くことは減ったので、隣人から苦情が入ることはなかった。わが家に来たばかりの頃は米のとぎ汁のような下痢をしていたけれど、それもだんだんよくなって、黄褐色の健康なうんちをするようになった。表情が暗くて元気のなかった次女は、愛嬌たっぷりのかわいらしい子どもに成長していった。それでもストレスを感じるようなことがあると、最初の頃と同じような不安症状を見せて何もかもを拒み、大声で叫びながらもがいた。そんなときは次女を長い間抱きしめた。次女が完全に落ち着くまでには何年もかかった。

上手におしゃべりができるようになってからは、納得できないことがあったら相手に自分の感情をきちんと伝えて、仲直りをするためのコツを教えた。今は、気分をそこねても暴れたり大声を出したりすることはほとんどない。すねてぷんぷんしていても、しばらくすると自分のほうからやってくる。どうして腹が立ったのか、なぜ悲しかったのかを事細かに話しながら謝ったり、ときには「謝ってほしい」とお姉ちゃんに要求したりもする。

お友達とケンカをして「あっちが悪いんだよ。お母さんからも何とか言って」と頼んでくることもあるけれど、そのたびにわたしがよその子を叱るわけにもいかない。「きちんと自分の気持ちを話して、謝ってほしいことを伝えようね」と話している。それでも解決しないときは、何日か会わないようにしたらどうかとアドバイスすることもある。どうすることもできないことはなるべく早く忘れて、自分でコントロールできることにフォーカスしたほうがいい。

怒りや悲しみの理由が思い出せないことやわからないこともある。そんなときは自分の好きなことをするか、寝たほうがいいと話す。ぐっすり眠れば、また世界がちがって見えるようになるものだから。


次女は生まれて1年の間に養育者が2回も変わるという不安定な状況に置かれ、ひたすら泣き続けてすさまじい無力感と挫折感を訴えた。でも、今となっては永遠の家族を手に入れた。毎年成長して、毎日強くなっている。非力な被害者ではなく、主体的に考えて感情を表現し、問題に対応する強さを身につけていっている。

娘が直面する試練について対応策を考えられるように、わたしはできるかぎり前もって説明をする。そして、どんなことがあっても母親に相談すれば解決できると繰り返し伝えている。すべての問題を解決してあげることはできないとしても、いつでも頼れる存在がいると娘に確信させてあげたいからだ。

理想的な三角関係
――姉妹の関係性作り

1対1の人間関係は、お互いへの依存が強くなって疲れてしまうことがある。恋人がいた頃、ひとりではいたくないけれど、週末に会って一日中ずっと一緒にいると、くたびれてしまうことがあった。一緒に楽しむレジャーや空間を探しているとお金もかかるし、どちらかが無理に相手に合わせて過ごすことになりがちだ。

養子を2人迎えたのは、母娘2人きりで過度に依存し合う関係を避けるためでもあった。3人家族なら、2人が一緒に遊んでいる間に1人で過ごすことができる。一緒に遊ぶときも2人ずつ3通りの組み合わせができるし、3人で過ごしてもいい。つまり、2人だけのときはA、B、A+Bという関係しか存在しないけれど、3人いればA、B、C、A+B、A+C、B+C、A+B+Cという多様で躍動的な関係が生まれる。親子ゲンカをしたときは姉妹だけで遊べばいいし、わたしが長女や次女のことで傷ついたときはもう一人の娘がなぐさめてくれる。

娘たちはやきもち焼きで、お母さんをひとり占めしようとする。そこでわたしは、姉妹はライバルではなく仲間だということを2人の心に刻み込んだ。どちらかが泣き出したりすねたりしたら、妹や姉が相手を励まして〝この世にたったひとりの〟姉妹が手を取り合って同盟を結ぶように導いた。

ある日、家に向かって3人で歩いていたら、次女がだだをこねて動かなくなった。わたしは長女だけを連れて、そのまま歩き続けようとした。「オンマはお姉ちゃんとおうちに帰るから、あなたはここにいなさい！」。もちろん、近くに隠れてこっそり見守るつもりだった。すると、長女がいきなり涙ぐんで叫んだ。「ダメ！　この世の中にたったひとりの妹を置いていけないよ！」。わたしは自分の教育に効果があったことを内心喜びつつ、表向きは冷静に次女をたしなめた。お姉ちゃんが味方になって説得を続けると、次女はすぐに機嫌を直した。

あるとき、ケンカをしている娘たちに「オンマもイモ[26]たちも、あなたたちより数十年早く死ぬのよ。そしたら姉妹2人だけになるんだから、今から仲よくしておきなさい」とお説教をした。それ以来、娘たちが「オンマ、まだ死なないよね？」としょっちゅう聞いてくるようになり、「オンマはすぐには死なないの！　あなたたちがオンマぐらいの年になるまでは絶対死なないからね！」と叫んだこともある。

寝ている次女が悪夢にうなされたり、具合が悪いと言ったりすると、長女は寝ぼけながら起き上がって妹を抱きしめる。どこで覚えたのか、まだ半分夢の中にいる状態でやさしい言葉をささやきながら妹をなだめる。ひどく具合が悪いわけではなさそうだったので、寝たふりをして娘たちを観察していたら、いつかわたしがしてあげたように、長女が水で濡らしたタオルを妹のおでこにのせてあげていたこともあった。

親はどちらの味方もしないのが基本

長女は自分に人を助ける能力があると気づき、その能力を発揮するようになった。文化センターや保育園、学校でみずから助手の役割を引き受けて、先生たちを喜ばせた。小学校や地域青少年センターの放課後アカデミーで副班長や副会長に立候補したこともある。実際のところは雑用係だけれど、率先して働くのが好きらしい。

次女も人の面倒を見るのが好きなタイプだ。クールな姉よりは、母親であるわたしを気

26 おば。母親の姉妹。

遣おうとする。おいしいものを食べたら「オンマも食べてみて」と勧めてくれて、いつもわたしをきれいに着飾ってくれる。いつも手でハートのポーズを作り、ほっぺにチューをして愛情をストレートに表現し、相手にも同じことを望む。

どこの家庭でも、次女は〝お姉ちゃんっ子〟だ。自分より背が高くて力が強く、できることが多くて、より広い世界で活動するお姉ちゃんに憧れて嫉妬する。お姉ちゃんの行動をまねして、お姉ちゃんが見せてくれる新しい世界に惹かれる。あんなふうになりたいと思っているのに、お姉ちゃんをけなして、弱みを見つけては告げ口をする。長女は長女で、「妹に甘すぎる」と母親に文句を言い、自分より勉強をしていないのに、遊んでいても怒られない妹をうらやむ。

わたしは2人の娘たちに対して、できるかぎり平等に接しようと努めている。幼いからと無条件に妹の肩を持つこともないし、お姉ちゃんの言うとおりにしなさいと次女に無理強いすることもない。そのときどきに応じて、謝るべきことは謝って仲直りしなさいと話す。

自分の幸せを左右する親をめぐって、姉妹の猜疑と嫉妬は側室の争いのように激しく、殺伐としている。どちらかの味方をしているように見えたら親の負けだ。わたしは2人の争いにはあまり関心のないふりをして、必要なときだけ仲裁に入る。トラブルを解決するためのヒントを提案して、なるべく自分たちで解決策を見つけてくれることを願っている。

娘が2人いるおかげで、わたしはひとりで何時間でも自由に過ごすことができる。そんなとき、姉妹はくすくす笑いながら母親を驚かせるイタズラを計画していたりする。ひそ話をしている娘たちにサッと目を向けると、2人はビクッと驚いて、とんちんかんな言い訳をしながら意味ありげな微笑を交わす。娘たちの想像の中で、母親は驚かせたりイタズラを仕掛けたりする共通の敵として、おばけやゾンビ、ヴァンパイアに変身しているのだろう。

2人目の育児と母のサポート
——育児と時短勤務、賃金のこと

次女を養子に迎えたことを知った母は激怒して、わが家にやってこなくなった。わたしは残った有給休暇を使い果たすと、ベビーシッターを雇った。そして会社に育児短時間勤務を申請し、2時間遅く出勤するようになった。

当時、わたしの勤務先では包括賃金制が導入されていたので、勤務時間が2時間減っただけなのに、お給料は半分以下に下がった。包括賃金制とは、残業代や休日出勤手当が含まれた給与が毎月固定で支給される方式だ。たとえば給与が１００万ウォンだとしたら、基本給が60万ウォン、残りの20万ウォンは残業代、もう20万ウォンは休日勤務手当とみなされて、それ以外の時間外手当は支払われない。ほとんど残業しない人もいれば、正規の勤務時間と同じぐらい残業をする社員も多いので不公平ではあったけれど、子育てをするようになるまではあまり気にしていなかった。

ところが、時間制で計算されるようになると、部長であるわたしのお給料は平社員レベルにまで下がった。みなし時間外手当に相当する金額が丸ごと支払われなくなり、そこからさらに一日2時間分の賃金が差し引かれたからだ。

社長は、養子縁組のお祝いとして大量のおむつセットを自宅に送ってくれた。こんなふうに、私的な善意と公的な悪慣習が共存することはめずらしくない。個人的な善意だけで世の中を変えることはできない。不公平な世の中で弱者に力を与え、弱者に転落する人々を減らす制度を整えるには政治の力が必要だ。

数年後の2018年に、雇用労働部の「母性保護と仕事・家庭両立支援業務便覧」を確認したところ、実際はみなし時間外手当を含む金額を給与として請求することができたらしい。

いずれにしても、会社勤めをしながら子育てをするだけでも大変なのに、給与をめぐって会社と争いを繰り広げるというのは、退職する覚悟がないかぎり本当に難しいことだ。

＊＊＊＊＊

こうして時短勤務を始めてから、ベビーシッターに朝9時から午後7時まで次女の面倒をみてもらうことになった。3歳の長女はわたしが出勤前に保育園まで送り、5時頃にべビーシッターがお迎えに行った。

2カ月ぐらい経った頃、ベビーシッターが無断欠勤をした。そのためやむなく会社を休むことになり、重要なミーティングに参加することができなかった。それまで、子育てによって会社の業務に支障をきたしたことは一度もなかったから、かなり落ち込んだ。ちょうど年度が変わったタイミングだったので、使える有給休暇が多かったことが幸いといえば幸いだった。

その後ベビーシッターと話し合い、契約を解除した。有給休暇を使い終わったら、新しいベビーシッターが見つかるまでは、女性家族部[27]のキッズシッターサービスを利用するつもりだった。しかし有給期間中に運よく次女の保育園入園が確定し、母も機嫌を直してまた娘たちをみてくれることになった。母の気が変わったのは、わたしがベビーシッターに払うお金が惜しいからでもあった。他人に大金を払いたくない人なのだ。2人とも同じ保育園に通うことになり、登園前の1～2時間と降園後の数時間だけ世話をすればいいので、育児の負担が大きく減った。

生後13カ月の次女は保育園に行くにはやや早い年齢だ。まだ言葉を話せない子どもは、虐待やいじめに遭っても親は気づきにくい。でも、同じ保育園に長女がいるので安心だった。長女に妹をしっかり見守っていてほしいとお願いした。

次女とおばあちゃんの関係

母は次女のことをブスでちびすけだとよくからかった。わたしはそれを帳消しにするために、「かわいいね」とことあるごとに次女を褒めて育てた。次女は当時のことをまだ覚えているけれど、もはや問題にはならない。同年代と比べても背が高くすらりとした少女に成長し、おばあちゃんの言葉はまちがっていたことがはっきりしたからだ。ブスだなんてとんでもない。おしゃれが大好きな次女は、自分を美しいと思っている。自分はきれいで魅力的だと思って行動していれば、実際にそうなっていくものだ。

時が経つにつれて、次女も母と仲よくなった。おばあちゃんのまねをしてお年寄りのように振る舞うことが多い。塩味のスープをスプーンで味見して「いいあんばいだねぇ」と満足げに言い、おばあちゃんのマッコリをひと口こっそり飲んだこともある。母は、次女を賢くて中身のある子だと言ったりもする。

娘たちが通った区立保育園は福祉館に併設されていて、盆正月や主要行事のときはお年寄りと一緒に参加するプログラムが開催された。娘たちはおばあちゃんに育てられただけ

27 日本の「こども家庭庁」に相当。

でなく、福祉館のお年寄りとふれあう経験が多かったので、お年寄りと仲よくなるのが得意だ。元気な成人を中心に回る世の中で、ひたすら守られる立場の子どもたちは、自分より弱い人がいるということに気づきにくい。でも、うちの娘たちは自分たちが階段を駆け上がったり下りたりして遊んでいる間に、足を引きずりながらやっとのことで一段ずつ階段をのぼるお年寄りの苦労を理解している。子どもとお年寄りはお互いの力となり、お互いに希望をもたらす存在だ。

次女が区立保育園に入ると、わたしは7時半に2人の娘を送ってから出勤し、母は保育園のお迎えに行って、わたしが帰宅するまで孫たちの面倒をみてくれることになった。

長女を母に終日任せていた頃から、入浴と家事はわたしが担当していた。仕事が忙しい時期は子どもたちが起きる前に出勤し、寝たあとに帰宅していたので、週末までシャンプーをしてあげられず、娘たちの頭にアタマジラミがわいたことがある。娘の肩にぷっくりしたシラミがぽとりと落ちるのを見てギョッとした。駆除用シャンプーを薬局で買って娘たちの髪を何度も洗い、自分の髪も洗った。洗濯物は1週間に2回まとめて洗っていたが、そのうち1回はやむを得ず深夜に洗濯機を回さなくてはならなかった。下の階に住む人が騒音に敏感だったら追い出されていたかもしれない。

そんな生活だったから、「お母さんが来てくれる時間帯に、週2〜3回、夜だけキッズシッターか家事ヘルパーさんを頼もうよ」と提案してみたけれど、母は嫌がった。ずっと他人に雇われて働いていた母には、自分の仕事を任せるために人を雇うという概念がなかったし、他人が生活空間に入ってくることや、見知らぬ人と関わることも苦手だった。父の介護が必要になったときも「訪問入浴車のサービスを受けよう」というわたしたちの提案を母が却下し、父はしばらくお風呂に入れなかった。療養保護士[28]を呼ぼうと言ったときも猛反対された。

そのせいで、わたしは残業続きの状況でも育児と家事から抜け出せなかった。娘たちがまだ起きている時間帯に帰宅できたときは、大急ぎでお風呂に入れた。深夜に帰宅して洗濯機を回し、週末は大掃除をした。週末はときどき母に内緒でパートタイムのキッズシッターを雇って持ち帰り残業をしたり、映画館やプールに行ったりすることもあった。

28 ホームヘルパー。

結局、母を父から引き離そうという計画は失敗に終わった。母はわたしが支払うシッター代と他のきょうだいからの仕送りで父を養い、最終的には孫たちではなく、日常生活にケアが必要となった父の世話をすることを選んだ。それから数年後、家族を一度も顧みなかった父は、母の手厚い介護を受けながらこの世を去った。数年離れている間に娘たちは見違えるほど大きくなり、おばあちゃんと疎遠になってしまった。母と娘たちが以前のように親密な関係に戻るには、時間と努力が必要だ。

第2章

養子縁組は「隠すもの」じゃない

真実を伝えるタイミング
――子どもに何を、いつ伝えるべきか？

養子縁組への偏見が強かった時代は、子ども本人や周囲の人に養子であることを明かさない「秘密養子縁組」がほとんどだった。海外では早いうちに養子縁組をオープンにする家庭が主流になったけれど、韓国は今でも養子縁組の事実を隠すことが多いという。

わたしは独身だから、養子縁組の事実を子どもに隠すという選択肢はそもそもなかった。架空のお父さんを作り出すわけにもいかない。

養子縁組の専門家は、養子であることを子どもに伝える「公開養子縁組」をすすめている。養子であることを一生隠し通すのはかなり難しいし、何も知らされていない状態でふいに知ってしまったときのほうが子どものショックは大きい。周囲の人からこっそり聞かされたり、遺産相続をめぐるゴタゴタの中で知ったりすると、アイデンティティの混乱と裏切られた気分から立ち直るのはかなり難しいという。養親の死後、もし家族だと思っていた人たちから「本当の家族じゃないんだから、遺産をもらおうとは思わないで」と攻撃されるようなことがあったら、そのショックは相当なものになるだろう。

専門家によると、養子であることを思春期になる前に伝えられなかった場合は、いったん秘密にして、子どもが成人してから明かしたほうがいいという。思春期の真っただ中に養子であることを知らせると、家出などの破壊的な影響を及ぼしかねない。

「開放養子縁組」（オープンアダプション）は、養子であることを伝えるだけでなく、子どもが実親と連絡を取り合ったり、家族ぐるみで交流したりする形態だ。アメリカなどでは主流だが、韓国内ではとてもめずらしいという。養子先の親が実親について子どもに明かさなかったとしても、成人になると本人の意思で養子縁組機関や児童権利保障院に情報の開示請求を行えるようになる。実親の同意が得られれば、基本情報を教えてもらったり、会ったりすることが可能だ。

開放養子縁組についても賛否両論あるけれど、わたし自身は子どもが成人になるまでは生みの親に会わないほうがいいと考えている。自分ではどうすることもできない出自の問題を受け止めきれず、激しく動揺する恐れがあるからだ。複雑な出生の秘密が絡んでいるかもしれないし、単純な婚外出産だったとしても、妊娠した実母の前から去った実父を憎んだり、自分で育てる能力がないのに子どもを産んだ実母に怒りを感じたりすることがあるかもしれない。そして、自分もそんな実親のようになったらどうしようと不安を抱えることになるかもしれない。

偏見のない人に育てようと親がいくら努力していても、子どもは誰しもその年齢ならではの偏見や先入観を持っている。青少年期であればなおさら、生みの親がどんな人なのか、自分にどんなふうに接するのかということに敏感になるものだ。

妹の自殺の真相を追った『History of a Suicide』の著者ジル・ビアロスキーは、10代の頃に父親と再会したことが妹の心に傷を残したと分析している。両親の離婚後、無気力な母に育てられた妹は父親に望みをかけた。しかし父と再会しても人生は何も変わらず、自分は愛されていないという事実が妹をいっそう深い絶望の底に陥れた。

実親は子どもを自分で育てられない何らかの事情があって、養子縁組を選ぶ。経済的な理由で養子に出された子どもが実親と再会したとき、もしもまだ実親が貧困に苦しんでいたら、子どもはやりきれない気持ちになるだろう。自分がお金を稼いで、実親を援助しなくてはならないという不要な責任感に駆られるかもしれない。

子どもを手放す理由は経済的問題だけとはかぎらない。どんな理由にせよ、再会したときに実親の抱える問題が改善されていなかったら、子どもを混乱させてしまうことになる。

そのため開放養子縁組は、実親がなぜ子どもを養子に出したのか、今はどんな暮らしをしているのかを確認したうえで決断するべきだと思う。養子のインタビューを読むと、再婚して不自由なく暮らしているときは音信不通なのに、離婚したらまた連絡をしてくるような自分勝手な実親も存在する。

オープンに話すわが家の場合

子どもに養子縁組の事実を知らせるのは、幼児期から児童期に入る4～5歳頃が適当だという。この年齢になる前に話しても、幼すぎてまだ理解できない。

養子について説明する海外の絵本や児童書はたくさん翻訳出版されていて、韓国の作家が書いた良書も何冊か出ている。対象年齢に合った本を読み聞かせながら、さりげなく養子縁組のことを話してあげればいい。

長女は3歳のときに妹ができたので、あえて説明をしなくても大まかな状況を理解していた。娘たちは2人とも、生みのお母さんに事情があって、わたしが代わりに育てることになったことを自然に知り、わが家ではいつも養子縁組についてオープンに話していた。

わたしは、娘たちを「天から舞い降りてきた天女」と呼んだ。長女が幼い頃、わたしの母は大げさな身振り手振りをつけて、空からお母さんの胸に赤ちゃんが落ちてきた話をした。長女はそれをおもしろがって、また聞かせてほしいと何度もおばあちゃんにせがんだ。

小学校低学年ぐらいまでの子どもは、家族のかたちにそれほど関心がない。娘たちのお友達の中には、母親か父親と暮らしていて、もう一方の親には会っていないという子がいる。おそらく離婚家庭なのだと思うけれど、本人は気にしていないらしく、話題にのぼることもないから、こちらもあえて聞くことはない。ところによりけりではあるものの、最近は保育園や学校、官公庁でもデリケートな家族関係に触れることは少ないから、子どももあまり意識することがない。

長女が小学校に入学する前、娘たちに養子に関する絵本を読み聞かせながら、あらためてくわしく説明をした。そして、父親がいないことや養子だということは親しい人以外には話さないように言った。嫌がらせを受けるかもしれないからだ。犯罪に巻き込まれないように、知らない人に住所や電話番号を教えてはいけないという話もした。

ところが、社交的な次女は「わたし、養子なんです」「お父さんはいません」とあちこちに言いふらして回った。あるとき、次女が公園でお友達に帰りの挨拶をして背を向けたとたん、その子が「ねぇ、あなたって養子なんでしょ？　養子縁組ってなあに？」と大きな声で言った。次女がまた養子であることを〝自慢〟したにちがいない。

家に帰りながら、「これからは学校の先生以外には養子であることを話さないようにしようね」と言って聞かせた。それから、家族のことをみんなに聞こえるような大声で話すのはマナー違反だとお友達に伝えるように言った。ところが、それからしばらくして学校の授業でさまざまな家族のかたちについて習ったとき、次女はなんと自分から手を挙げて、養子であることをカミングアウトしたらしい。

娘たちは養子やひとり親だという理由で不当な扱いを受けたことは少ないけれど、世の中には偏見を持つ人が多いということをよく知っている。あるとき、引っ越しセンターのスタッフが娘たちにぶしつけな視線を向けて、どうしてこんなに似ていないのかと意地の悪いことを聞いてきた。わたしはその質問を無視した。彼は2人が養子だと思ったわけではなく、それぞれ父親が違うんじゃないかと言いたかったのだろう。

世間の偏見について、わたしは娘たちに〝あまり〟気にしないように言っている。嫌がらせをする人のほうがまちがっているのだから、心にとどめておく必要はない。世の中にはいい人が多いし、いい人同士で付き合えばいい。短い人生の中で、わざわざ好ましくない人と関わっている暇はない。いい人と交流して、楽しくやりがいのあることばかりをするだけでも時間が足りないのだから。

父親がいないことの影響

わたしたち家族の周りには、養子縁組や父親のいない家庭に偏見を持つ人はほとんどいない。「父親の愛情は子どもにとって欠かせないものだ」と考えている人もいるけれど、両親がそろった家庭でも父親に愛されずに育った人も多いから、わたしはあまり気にしたことがない。

「誰が育てるか」ではなく、「どんなふうに育てるか」のほうがはるかに重要だと思う。たっぷり愛されて育った人は、同性とも異性とも良好な関係を築くことができる。

子どもが成人男性と接する機会がまったくないというのは、それはそれで問題だ。男性を過度に警戒するようになってしまうかもしれない。でも、うちの娘たちはわたしの兄や姉の夫に深く愛されて育ったおかげで、成人男性に慣れている。長女が通う放課後アカデミーにも、男性の大学生ボランティアや先生がいる。女性のほうが多いけれど、学校にも男性の先生がいる。

重要なのは、一緒に遊んでくれて、お世話や指導をしてくれる成人男性と子どもが友好的なつながりを築くこと。父親がいるかいないかは、決定的に重要な要素ではない。もし親しい成人男性が父親しかいなかったら、父親がどんな人かによっては男性に対する見方がゆがんでしまうかもしれない。男性がひとりで息子を育てる場合も同じだ。そんなときも、子どものうちにたくさんの成人女性と友好的なつながりを持つことができれば、女性に対してゆがんだ見方をするようになったり、慣れていないせいでうまく関われなかったりするようなことはないだろう。

実親への恋しさについて

養子に出された子どもは、大人になってから生みの親に会おうとすることがある。自分を産んだ親について気になって、どうしても知りたくなることはあるだろう。養子縁組先になじめず、家族の一員だと感じられずにいる場合はなおさらだ。

こうした問題について統計を出すことはできないけれど、再会した実親と仲よくつき合っていける人もいれば、そうでない人もいる。会ってみたら思い描いていたような親ではなかったとか、会いたくないと拒否されて傷つくこともあるかもしれない。

1991年公開の韓国映画『スーザン・ブリンクのアリラン』は、父親を亡くして家庭が困窮し、4歳でスウェーデンに養子に出されたスーザン・ブリンクの人生を描いた作品だ。養母に虐待されて育った彼女は、韓国のテレビ番組に出演したことをきっかけに、実の母親と23年ぶりの再会を果たす。この物語は多くの人々を感動させた。ところが、2004年の国民日報の記事によると、スーザン・ブリンク本人は、自分の助けを借りてスウェーデンでビジネスをしようとする実兄や従兄に悩まされ、結局、韓国の家族と絶縁してしまったという。

映画の中でスーザン・ブリンクを演じた女優チェ・ジンシルは2008年、2人の子を残してこの世を去った。彼女は2000年に当時読売ジャイアンツの選手だったチョ・ソンミンと結婚し、4年後に離婚した際に親権を勝ち取ったが、死後は親権が自動的に元夫に渡った。このことに世間の批判が集まり、別名「チェ・ジンシル法」と呼ばれる民法改正案が成立した。改正後は、親権を持つ親が離婚後に死亡した場合、元配偶者に自動的に親権が戻るのではなく、家庭裁判所の審査によって改めて親権者が指定されるようになった。離婚の際に親権を放棄した親が自動的に子どもを引き取ることは、必ずしも子どものためになるとはかぎらないという認識が広がったからだ。
養子縁組によって不幸になる人もいれば、生みの親から離れられなくて不幸になる人もいる。人生の解決策はひとつではない。それぞれの状況に合ったベストな方法を探さなくてはならない。

出産経験のないわたしには、自分が生んだ子と養子の子育ての違いはわからない。でも、生みの子と養子を一緒に育てている親の手記やインタビュー記事を読むと、長く育てているうちに違いを感じなくなるとも言う。おなかの中で10カ月育てた子どもとの一体感はきっとかけがえのないものにちがいない。でも、子どもは大きくなるにつれて親から独立していく。小学生になっただけでも、親より友だちと遊びたがるようになる。それもあって、子育てが長くなればなるほど、生みの子と養子の差が縮まっていくのかもしれない。

この世には、親と仲が悪い人や、親のせいで不幸になったと感じている人がたくさんいる。同様に、養父母との関係がうまくいっていない人もいるだろう。だとしても、養子にならないほうがよかったかどうかは誰にもわからない。
4〜5歳の頃に実親から引き離された子どもは、恋しさに一生さいなまれることもあるかもしれない。でも、もっと幼い赤ちゃんの頃に別れた、顔も思い出せない実親が恋しいとしたら、その感情は一体何なのだろう。ひょっとしたら恋しさではなく、今の家族への不満を埋めようとする思いかもしれない。

成人してからも養子縁組家庭の一員だという気持ちを持てないとしたら、自分の新しい家族を作ることが、存在の不安から抜け出す道ではないだろうか。生みの親と再会して家族になることもひとつの方法ではあるけれど、いい人と結婚したり子どもを育てたりして新しい家族を作るほうが現実的だ。子どもほど生きる意味をもたらしてくれる存在はない。

家族に不満がなくても、人生に迷う人は多い。満たされなさの理由は一生わからないかもしれない。人生の答えを見つけるために、人は誰しもさまよいながら道を模索している。

折れない心を持つ子に育てる
――強者でなくてもたくましく生きていくには

ドラマ「僕は彼女に絶対服従～カッとナム・ジョンギ～」は、強者によって作られた不条理な秩序を弱者が揺るがしていくという痛快な作品だ。ヒロインのウク・ダジョンは、シングルファーザーであるナム・ジョンギの息子ウジュが町内の子どもたちにからかわれているのを見て、こう言い返せと助言する。「僕にはママがいないけど、おまえには礼儀がないね！」。町内に響き渡るような大声でウジュが反撃すると、いじめっこたちはその勢いに押されて半泣きになる。

このシーンがとてもおもしろかったらしく、一緒にドラマを見ていた娘たちはセリフを真似しながらクスクス笑っていた。そこで、わたしはこの言葉をわが家の状況に合わせてアレンジした。「あたしにはパパがいないけど、あんたには礼儀がないね！」。娘たちは何度も大声でこう言って楽しんでいた。でも、父親がいないといって娘たちをからかうような子はいなかったから、実際にこの言葉を使う機会は訪れなかった。

動じないメンタルを手に入れる

子どもに美しい理想郷だけを見せようとする人もいる。でも、この世は避けることのできない不必要な苦しみやさまざまな悪行、不条理に満ちている。美しい世の中だけを見て育った子どもは、安全な家とはまるで違う恐ろしい世の中に出ていくことを恐れるようになるかもしれない。

傷つかない人生はない。大切なのは、危険で邪悪な世の中に賢く対処する方法を身につけて、ハンディキャップを克服する根性とレジリエンス[29]を育てることだ。

あえて名づけるとしたら、わたしの教育哲学は「浩然の気[30]教育法」。哲学的な思想にくわしいわけではないけれど、力強くて大胆な精神みたいなもの。何ごとにも屈しない、広くて丈夫な心を持つ人に娘たちを育てたい。

以前、長女が文化センターでいきなり鼻血を出したことがあった。受講していたレッスンの先生と文化センターのスタッフはパニック状態。わたしが娘の隣にいるのに、ずっと母親を捜しまわっているようだったので、「ここにいますよ」と声をかけたら驚かれた。まったく動揺することなく、落ち着いて娘を見ていたから、まさか母親だとは思わなかったらしい。

娘の具合が悪そうなとき、わたしは病院に行かなくてはならない状況なのかどうかをまず確認する。病院に連れていくほどではなさそうなら、あまり心配はしない。

娘が転んでヒザから血が出ても、それほど気にしない。骨に異常がないかを調べて、消毒をする。わたしが子どもの頃はいつも暗くなるまで外を走りまわっていたから、ヒザにかさぶたのない日がなかった。そういうケガをして痛いと思ったこともない。でも、次女はわたしが知らんぷりをしていると、とてもさびしがる。だから、いちおう「すごく痛む？」と気にかけているそぶりをすることもある。

健康の面でいうと、長女は小学校1年生のとき、斜視の矯正手術を受けるために入院した。瞳孔を開く目薬をさしたときはつらそうだったけれど、全体的には入院生活を楽しんでいた。娘たちはたくさんの建物が地下と連絡通路でつながった巨大迷路のような病院を探検し、長女ははじめての車椅子にはしゃいだ。同じ病室に済州島から斜視の手術を受けに来た小学2年生の女の子がいて、2人はすっかり仲よくなった。手術前夜は屋上でスマ

29 困難や逆境を乗り越えて、自分で回復する力。
30 孟子が唱えた精神。

ホから流れる音楽に合わせて一緒に歌いながらダンスを踊り、退院後もしばらく連絡を取り合っていた。斜視は再発が多く、済州島から来た女の子は二度目の手術だった。幸いなことに、今のところ長女に再発の兆しはない。

「浩然の気」についてわざわざ教えようとしなくても、娘たちは避けられない試練を自然に受け入れて、その中からささやかな喜びを発見している。

親が教えられること

壊れた物を直すとか、家のあちこちをメンテナンスしなくてはいけないとき、わたしはすぐに工具を入手する。子どもの頃は、家のあちこちが傷んでもまったく修繕しようとしない両親を見て、ものすごい無力感に苦しめられたものだ。そのせいか、思い立ったらすぐ行動して、自分で問題を解決する性格になった。娘たちは、ハンマーで釘を打ち、電動ドライバーで家具を組み立て、ＬＥＤ電球を取り替え、シンクの下にもぐりこんでキッチンの水栓を交換し、便器の詰まりを解消して、虫を退治する母親を見慣れている。

幼い頃、わたしはどんな問題や悩みがあっても親に相談することがなかった。助けてもらえないだろうなとあきらめていたから。それはとても不幸なことだと思う。子どもは困難を乗り越える方法を大人から学ぶべきなのに。砂漠を旅するときはオアシスを探す方法を、ジャングルを探検するときは猛獣を避けてエサを探す方法を知っておかなくちゃならない。もちろん、娘たちが直面するトラブルのすべてを解決することはできないし、何でもかんでも親が代わりに解決すればいいというものでもない。娘たちが人生の課題に対応できるように、じっくり話し合いながらベストな方法を探していくつもりだ。

ハンディキャップを強みに変える

わたしの娘たちは、生きていく中で偏見にさらされることもあるだろう。だからといって、独特のバックグラウンドが弱みになるとはかぎらない。ハンディキャップはそれを克服した瞬間、大きな強みに変わる。子どもたちをいっそう成長させる踏み台になるはずだ。

ハンディキャップがどんなふうに強みになるかということを、マルコム・グラッドウェルの『逆転！　強敵や逆境に勝てる秘密』（原題『ダビデとゴリアテ』、2014年、講談社）や、エイミー・チュアの『ザ・トリプル・パッケージ』（2014年、未邦訳）は、膨大な事例とデータを挙げて教えてくれる。ヨーロッパ系とジャマイカ系のハーフであるマルコム・グラッドウェルと、中国系移民の両親を持つエイミー・チュアは、彼ら自身がハンディキャップを克服した代表的な成長事例だ。

マルコム・グラッドウェルは『逆転！　強敵や逆境に勝てる秘密』の中で、自分の弱点を活かして勝利した「現代のダビデ」のストーリーを紹介する。旧約聖書に登場する羊飼いのダビデは、〝小柄なのに〟勝利したわけではなく、小柄で敏捷だというメリットを最大限に生かして巨人兵士ゴリアテを打ち負かした。学習の致命的な欠点のように思える難読症が成功の踏み台になったケースも登場する。ビジネスや人生の戦略として活用できる内容も多い。貧しい家庭に生まれたとしても、自分の環境で利用できるものを最大限に活かせば、富裕層を凌駕することができる。

エイミー・チュアは中国式の超スパルタ教育による子育て奮闘記『タイガー・マザー』（朝日出版社）を２０１１年に出版し、アメリカで大論争を巻き起こした。ユダヤ人の夫と共著した前述の『ザ・トリプル・パッケージ』では、アメリカ社会で成功する人種や集団を分析し、人種差別的とも取れる内容を主張して大きな波紋を呼んだ。本書では、中国系、ユダヤ系、インド系、イラン系、レバノン系、キューバ系、ナイジェリア系の移民、そしてモルモン教徒という8つのグループが「成功する人種集団」に挙げられている。センシティブなテーマではあるものの、膨大なデータに基づいた分析を軽視することはできない。

アメリカで長く暮らしてきた奴隷の子孫ではなく、近年アフリカからやってきた黒人移民が社会の主流をなすようになったという点が皮肉だ。つまり、肌の色ではなく、白人農場主の末裔が自らの罪を隠すために植えつけた劣等感と敗北の文化が、黒人の成功をさまたげていたというわけだ。

マーティン・ルーサー・キング牧師とはやや異なる方向性で黒人解放運動を行ったマルコムXの『マルコムX自伝』を読むと、劣等な存在だという烙印を押されて生きていくことの恐ろしさがわかる。神に呪われた存在と見なされ、人生に希望を見出せなかったマルコムXもまた、10代の頃は麻薬の密売や窃盗の常習犯だった。

一方、アフリカで上流層に属していた人は、自分は本質的に優秀な人物であるという信念を持っている。クーデターなどによって祖国を追われ、アメリカで底辺から新しい人生をスタートすることになっても、自分が手にすべき地位をつかむまで努力を続けて、成功を収める。マーベル映画『ブラックパンサー』のワカンダ国王ティ・チャラのように自分が尊い存在であることを信じて、それにふさわしい待遇を勝ち取っていくのだ。

オバマ元大統領も黒人奴隷の子孫ではなく、ケニアからのエリート留学生の息子だ。そのため、幼い頃から自分のポテンシャルを疑うことはなかっただろう。彼の母親と母方の祖父母は、オバマの能力を信じてハワイの名門私立校に通わせた。

ある日、オバマの父は息子が通う学校でいわゆる「一日教師」をすることになった。白人の生徒たちが黒人の父をどんなふうに受け止めるか、幼いオバマはやきもきしたかもしれない。ところがケニアの指導層である父親はすぐれた話術で瞬時に生徒たちを魅了し、アフリカの伝統音楽を演奏して心をつかんだ。オバマはこうした経験を通して、「黒人に対する社会の認識は誤った歴史の中でゆがめられたものにすぎず、決して劣等な存在ではない」ということを全身で悟ったはずだ。


生まれつきメインストリームに属する人にとって、「べつに成功なんかしなくていいよ」「今のままで大丈夫」と言うのは簡単なことだ。でも、社会から排除されていると感じる人は、自分の可能性を証明しなくてはならないと考える。

前述の『ザ・トリプル・パッケージ』によると、アメリカで成功する人種集団は、〈平等意識ではなく優越意識〉、〈自尊感情ではなく不安〉、〈現在を楽しむ文化ではなく未来のために現在を犠牲にする文化〉を持っているという。

『ヒルビリー・エレジー　アメリカの繁栄から取り残された白人たち』（2017年、光文社[31]）は、アメリカ社会で「ヒルビリー（田舎者）」「ホワイト・トラッシュ（白いゴミ）」などと呼ばれる貧しい白人労働者階級に生まれたJ・D・ヴァンスがその悲惨な日常と貧困の歴史をつづってベストセラーとなった作品だ。著者自身は高校卒業後、一度は海兵隊に入隊したものの、除隊してオハイオ州立大学に進学。さらにイェール大学ロースクールへと進んで、シリコンバレーの投資会社社長になるというアメリカンドリームを叶えた人物だ。イェール大学ロースクールの教授である前出のエイミー・チュアは、J・D・ヴァンスを積極的に支援したという。人種差別が激しいアメリカ社会で、アジア系のエイミー・チュアが白人の教え子をメインストリームに引き上げるために尽力したという事実が興味深い。

わたしの子育て3つの指針

わたしは『ザ・トリプル・パッケージ』を読んで知った成功の秘密をアレンジしたり、逆説的に活用したりして、子育てに取り入れている。

31　『ヒルビリー・エレジー ―郷愁の哀歌―』のタイトルで2020年にNetflixが映画化。

〈平等意識ではなく優越意識〉→〈子どもを信じて、可能性を広げてあげる〉

娘たちを天才だと思っているわけではないけれど、どんなことでもできると信じている。わたしはすべての人の潜在能力を信じる。娘たちの将来も楽しみだ。うちの子たちは医師や企業家、国連事務総長にだってなれると思う。年収や社会的地位の高い職業でなくても、娘たちが幸せに働けるなら何を選んでも応援したい。職業や地位によって人間の価値が決まるわけじゃないから。

子どもの頃、この世でわたしをいちばん過小評価したのは両親だった。家族や身近な人に自分を認めてもらえなかったという経験を持つ女性は少なくないと思う。幼いわたしは、自分のことを無能でダメな人間だと考えていた。年を取ってから、ようやく自分にはもっといろいろなことができると信じられるようになった。でも、年を取れば取るほど選択肢は減っていくもの。子どもの可能性を広げるには、「どんなことでもできる」と親が子どもを信じて応援してあげることが大切だ。

〈自尊感情ではなく不安〉→〈現状に満足せずに努力を続けられる心を伸ばす〉

娘たちにはいつも「今よりもっとうまくやれるよ」と伝えている。自分に満足することも大切だけれど、伸びしろがあるのに停滞してしまうのはもったいない。80点を取って満足するのではなく、せっかく勉強するなら集中して100点を取れるようにがんばったほうがいい。うちの娘たちはまだ小学生だから学習量はそれほど多くないし、内容も難しくない。授業をしっかり聞くだけで理解できるレベルだ。それなのに、適当にテストを受けて問題の意味を取り違えてしまうことがある。そして、うっかりまちがえただけで本当はわかっているから大丈夫だと言う。

よくないのは、本当はちゃんとできるのに手を抜いてしまうということ。大切なのは、テストでいい点数を取ることではなく、ベストを尽くして取り組む姿勢だ。これをきちんと身につけるには時間がかかる。

〈現在を楽しむ文化ではなく、未来のために現在を犠牲にする文化〉
↓〈効率のいい努力で、最大の効果を発揮できるようにトレーニングする〉

未来のために現在を犠牲にしてほしくはないので、娘たちに無理やり勉強をさせることはない。現在と未来の間で、ほどよいバランスを維持したいと考えている。中高生になってもしっかり睡眠や休息の時間を取れるように、今のうちから「最小限の勉強で最大の効果を発揮できるように集中するトレーニング」をしておいたほうがいいと伝えている。

「学ぶ力」は一生の宝

学校で習う科目は、次女はオンライン家庭教師の指導、長女は放課後アカデミーで数学と英語の補習を受けているだけだ。学習内容を身につけるには、これぐらいで十分だと思う。多くの時間を投入して成績を維持する方法では、学習量が急増する中高生になってからの負担が増える。勉強のために睡眠時間を削らないほうがいい。わたしは高校3年生のとき、6時間しか寝ずに勉強したけれど、ソウル大学[32]に入れたわけじゃない。

ただし、外国語だけはこれ以外の勉強もさせている。小5の長女は、3年前からネイティブスピーカー講師によるオンライン英語レッスンを受けていて、学習誌で基礎レベルの漢字、日本語、中国語を学んでいる。言語の習得には長い時間がかかるから、小学生の頃からいろいろな外国語の基礎を身につけておけば、中高生や大学生、社会人になってから余裕をもって楽しく学べると思う。わたしは20代半ばを過ぎてから外国語を学んだのでとても苦労した。

外国語を実践で使えるようになるまでにはかなりの勉強が必要だけれど、社会人になると時間が足りなくなる。それに年を取ってから外国語を身につけても、就職活動のときについた差を挽回するのは難しい。

また、小学3〜4年生になると、算数につまずく子が増える。他の科目に比べて、算数はあとからがんばってもなかなか追いつけない。時間のある低学年のうちにしっかり勉強して、レンガを積み上げるように基礎を固めておけば、中高生になってからの苦労が減る。

大学に進学しないで就職するとしても、学習能力は重要なスキルのひとつ。変化の速い現代社会では、新しく身につけるべき知識や技術がどんどん出てくる。仕事をうまくこなすためにも学び続けることは大切だし、これからの世の中では一生のうちに職業が何度も変わると予測する専門家もいる。

現在をほどよく楽しみながら未来に備えるには、子どものときから無理をしすぎない程度に勉強するのがいいと思う。学習能力は勉強をすればするほど伸びていくから、コツコツ続けていれば勉強がどんどん得意になっていく。勉強にかぎらず、いろいろな経験をすることによって頭脳は発達する。知識と経験が結びついて、どんなことを学んでもすんなり身につけられるようになる。学習能力を上げると、世の中をより広く深く理解して、さまざまなチャンスをつかめる可能性が高くなる。

32

韓国最高峰の国立大学。

ソーシャルスキルは遊びで伸ばす

公園で他の子どもたちと一緒に遊ぶには、ソーシャルスキルが欠かせない。自分のやりたい遊びをするために他の子を説得したり、他の子がやりたい遊びに加わったり。集団遊びをするときは、その場で5～6人のメンバーを集めるリーダーシップも必要になる。

子どもはこうした難しいコミュニケーションを避けるために、親とばかり遊びたがることがある。でも、公園に行くたびにいつも親子で遊んでいたら、ソーシャルスキルを身につける機会を逃してしまう。

塾通いで忙しい現代の子どもたちは、友達と遊ぶ機会が少ない。お母さん同士がまず顔見知りになって、時間と場所を決めたら、やっと一緒に遊べるようになるということもめずらしくない。仕事でこうした集まりに参加できず、わが子が仲間はずれになってしまうのではないかと気をもむお母さんもいるという。

子どもの養育環境は居住地域によっても違うけれど、わたしたちが暮らす街は共働き夫婦が多い職住近接型の住宅地だ。娘たちは近所の公園で遊ぶことが多く、特に次女は手にまめができるほど毎日何時間も遊具で外遊びをしていたので、体がとても丈夫になった。

この街の親たちは子どもを放任せず、かといって、うるさく干渉することもない。特に裕福でも貧しくもなく、教育熱がとりわけ高いわけでも低いわけでもない。自由な雰囲気の街だということもあって、気さくに友達付き合いをする子が多い。わたしには他のお母さんたちと付き合う時間も精神的余裕もなかったから、娘たちは自力で勝負しなくてはならなかったけれど、2人ともとても社交的なので、まったく心配していなかった。

娘たちの成長に合わせて、少しずつ自由の範囲を広げている。小学校に入学してからは、ひとりで外出することを許可した。お友達の家に遊びにいくときは、まず親御さんに連絡を入れる。交通機関を利用するときは、スマホの地図を一緒に見て位置と移動方法をチェックしてから送り出す。

子ども同士のトラブルは、できるかぎり自分で解決策を考えさせるようにしている。わたしが相手の親御さんに連絡したのは一度だけ。それも娘に頼まれてのことだ。娘たちは何でも正直に打ち明けてくれるけれど、たいていは自分で解決するように促している。もし子どもの意見を無視して、親の思いどおりに解決しようとしたら、それが重荷になって話をしてくれなくなるかもしれない。

話し合って、じっくり考えて、やがては子どもが自分で道を見つけ出せると信じてあげること。それが広くて丈夫な心、「浩然の気」を育ててあげるということだと思う。

第3章

娘たちの個性と才能

子どもを2人育てて気づいたこと
――違った魅力を持つ娘たち

人の外見や性格はどこまでが遺伝によって決まり、どれぐらい環境に左右されるのだろう？

長女は髪の量が多くて、手足が大きい。この特徴は、成長するにつれていっそう目立ってきた。「釜めしのフタみたいに大きな手だね」とからかうと、それがおもしろかったらしく、次女も「お姉ちゃんの手は釜めしのフタだ」とからかった。一方、次女の手足はとても小さくて人形のようだ。髪の量が少なくて伸びるのも遅く、3～4歳になってもよく男の子にまちがえられた。

まつ毛は2人ともとても長い。特に長女はまつ毛がくっきりと濃くて、まるでマスカラを塗っているように見える。最近の子どもは現代社会の大気汚染に適応するために進化したという説もあるけれど、これといって科学的な根拠はないらしい。

人の個性は何で決まる？

娘たちを見ていると、外見的な特徴だけでなく、性格にも生まれつきの部分があるんだなということがわかる。長女はいわゆる育てやすい気質を持って生まれた。食べものの好き嫌いがほとんどなく、泣くことも少なかった。母は長女が幼い頃のわたしによく似ていると言った。母によれば、わたしも何でもよく食べて、よく眠り、病気もせず、ケガをしても泣かない子だったという。放っておいてもひとりで遊んでいる、育てやすい子だったらしい。めったに泣かないので、大人たちはわざとわたしの頭を小突いて泣くか泣かないか実験したこともあったそうだ。幼い頃、わたしが病院に行ったのは小学1年生のときに中耳炎にかかったときだけ。当時は健康保険に加入していなかったから、本当に必要なときだけしか病院には行けなかった。

無愛想なわたしとは違って、長女は笑い上戸だ。母は長女のことを〝楽しむことを知っている子〟と表現し、「表情豊かな赤ちゃんだから、一日中見ていても飽きない」と言った。わたしから見ても、人生を楽しんでいる子だ。

あるとき、大人たちがキャッチボールをして遊んでいたら、長女がゲラゲラ笑い出した。何がそんなにおもしろかったのかはわからないけれど、長女が喜ぶので続けていたら、ボールが行き来するたびに体をよじらせて窒息しそうなほど笑い転げていた。3〜4歳の頃、公園でうまく階段をのぼれないときは、他の子に手を差し出してニコニコ笑いながら「お姉ちゃん！」「お兄ちゃん！」と自然に助けを求めることもあった。母いわく〝キツネみたいに人の心をつかむ〟子だった。

成長するにつれて、長女はシックでクールなルックスが際立ち、わんぱくな少年のようにふるまうようになってきた。運動場の砂の上にダウンジャケットを敷いて座っているのを見たときは、つい頭に血がのぼってしまった。公園で地面に寝転がって遊んでいることもよくある。おしゃれに興味はあるものの、実際に着飾るのは面倒らしく、主にジャージを着ている。わたしは口笛が吹けないけれど、長女は何でもないことのように自慢げに口笛を吹く。

社交的な面は相変わらずだ。ある日バス停まで一緒に向かっていたら、長女が急ぎ足で歩くので、わざと距離を置こうとしているのかなと思い、数歩後ろから観察することにした。長女はバス停のベンチで中学生ぐらいに見える女の子の隣に座り、ノートを取り出して見るふりをしながら声をかけた。共通の話題を出して気さくに話しかけ、そのお姉さんと一緒にバスに乗っていった。どうやら何度か彼女を見かけていて、仲よくなりたいと思っていたらしい。

次女も人懐っこい性格で、遊ぶのが好きだ。娘たちを公園に連れていくと、知らない子どもたちとすぐに仲よくなった。次女はとにかく承認欲求が強い。先生にいいところを見せようとして、褒められたがる。友達ともめたときはとても傷ついて、無念さを訴えることもあった。

長女は社交的かつ周囲の評価をあまり意識しないタイプだけれど、次女は他人の反応に敏感だ。娘たちを叱ると、長女はにっこり笑って「ごめんなさい。もうしません」とすぐに立ち直るのに対し、次女はすねてしまい、なだめすかすのに時間がかかった。幸いなことに、次女はこじれた感情を整理して自分から謝るスキルを身につけたので、腹の探り合いをすることは少なくなった。

5歳で引っ越したときの反応の差

前述のように、わたしは子育てのために4回も引っ越しをした。そのうち2回は長女が5歳、次女が2歳のときに一度、そして、長女が8歳、次女が5歳になったときに再び引っ越した。2人がそれぞれ5歳になる時期を選んだのには理由がある。保育園のお友達のほとんどが同じ小学校に入学するので、年長さんのときに引っ越せば保育園に慣れる時間もたっぷりあるし、小学校に入学してからも学校生活に適応しやすいからだ。これより遅くなると、保育園と小学校になじむのが大変になる。本当は引っ越しをしないのがいちばんだけれど、やむを得ないときはタイミングが重要だ。

ところが、同じように5歳のときに引っ越しても姉妹の反応は正反対だった。新しい保育園にすぐ慣れて楽しく過ごしていた長女とは違い、次女は引っ越しから1年近く経っても「前の保育園のお友達に会いたい」と泣いていた。夜寝るときに「どうして引っ越したの？　お友達に会いたい」としくしく泣き出すのを見ると、心がずっしり重くなった。以前の保育園では、お友達とトラブルがあったと愚痴をこぼすことがよくあった。新しい保育園に入ってからもときどき不満を言うことはあったけれど、みんなと仲よく遊んでいるようだった。以前の保育園の子たちとそこまで仲がよかったようにも思えず、新しいお友達とうまくいっているように見えたのに、どうしてそこまで以前のお友達を恋しがるのかわからなかった。

長女は小学2年生で引っ越したときも転校先の小学校にすぐなじんだ。前の学校のお友達に会いたいと言うので、週末に何度か会いに行ったこともあるけれど、会いたがるだけで悲しむことはなかった。次女は今、小学2年生。成人するまで引っ越しはしないほうがよさそうだ。

レベル違いにおしゃべりな次女

次女は赤ちゃんのときから演技の達人だった。興味を惹きたいときや要求をかなえてほしいときは大声で泣き叫ぶふりをして、そっとこちらの様子をうかがった。うちの家族は「アカデミー主演女優賞クラスの演技だね」と次女をからかった。あやしてあげるとすねた表情が一瞬にしてやわらぎ、体をくねらせて大喜びした。愛嬌たっぷりの次女はさまざまな愛情表現をして、ぶっきらぼうな母親を微笑ませた。

わたしの母は、次女の中に〝おじいさん〟が入っていると言った。乳児の頃から世の中を悟った老人のような話しぶりで周りの人を驚かせた。小学校1年生になったとき、学童保育の先生にもまるで高学年のようだと言われた。

不思議なのは、次女は言葉を話しはじめるのが遅かったということだ。保育園の先生から「言葉が出るのがゆっくりなお子さんもいますから、あまり心配しないでくださいね」となぐさめられたこともある。次女の発達には何の問題もないと思っていたので、実際わたしはまったく心配していなかった。

次女はひとたび話しはじめると、たちまちおしゃべりになった。言葉を発するようになる前も、こんなにたくさんのことを考えていたのかしら？　次女が世の中やお友達との複雑な関係について事細かに話すのを聞いていると、思春期の少女と話しているような錯覚に陥るほどだった。背中をかいてほしいと言ったり、階段をのぼりながらヒザが痛むとぼやいたりすることもあった。おばあちゃんのまねをしていたのかもしれない。

次女があまりにも口うるさいので、注意したことも一度や二度ではない。長女もそうだったから、小さな子どもでも小言を言うものなのだということを知った。長女は「これこれ……」とお代官様のようなオーラを漂わせながら小言を言った。もしかしたら2人ともわたしに似て口うるさくなったのかもしれないけれど、何しろスケールが違った。次女はまだ言葉も話せず、歩くこともできないうちから小やかましかった。わたしが裸足でいると、靴下を持ってはってきて、足を指さしながら「早く靴下を履きなさい！」というジェスチャーをした。玄関に靴が散らばっているのが気に入らなかったらしく、ハイハイをしながらやってきて、きれいに並べ直したこともある。わたしや長女の行動に不満があるときは、次女の怒涛のお説教が始まる。長女を叱っていると、次女も一緒に小言を言い始めるので、「お母さんが全部言ったから、あなたはもうやめて！」と止めることになる。

長女と次女の差は、生まれた順序にも関係しているのだろう。どんな家庭でも、最初の子は家族の絶対的な愛を受けて育つ。下の子は、親が関心とリソースをたっぷり注いで育てた強力なライバルを、生まれながらに意識することになる。第1子のときは親もはじめての子育てにおっかなびっくりだけれど、第2子を育てるときはほどよく緊張がゆるむ。育児に注ぐ時間とエネルギーは上の子のときよりもずっと少なくなる。うちの娘たちも生まれつきの気質だけでなく、こうした成長環境の差に影響を受けているのかもしれない。

何が得意で、何が苦手？
——特性を見極めて未来を広げる

娘たちは2人とも運動神経がよく、踊ることが好きだ。特に長女は文化センターでバレエとダンスを長く習い、5歳から9歳までは毎週土曜日に英語ミュージカルのレッスンも受けていた。3歳でバレエを始めたときから動作の一つひとつが正確で、大勢の子どもたちの中でもひときわ目立っていた。次女もバレエとダンス、英語ミュージカルを習っていたけれど、新型コロナウイルスなどの影響で中断されることが多かった。学校の授業をはじめ、さまざまなスポーツ活動が2年間できなかったので、これから長女との差が出てくるかもしれない。娘たちが週末に習いごとをしている間、わたしは文化センターが入っている大型スーパーで買い物をしながら2人を待った。

区の青少年ミュージカル団員としても活動した長女は、長年のダンス経験を活かして、英語ミュージカルでも同年代の子どもたちの練習をリードした。無観客公演をマスク姿で行って練習の成果を発揮し、その様子はYouTubeでライブ配信された。

次女もお姉ちゃんと同じく舞台慣れしている。２人とも保育園の卒園公演に立候補し、長女はリコーダーを吹き、次女は伴奏に合わせて歌をうたった。長女はピアノやウクレレ、ヴァイオリン、フルートなどの楽器もすぐにマスターした。

次女は小さな頃から手先が器用だ。家事のお手伝いも大好きなので、キノコの下ごしらえなどを頼んだ。長女にお皿洗いをしてもらう一方、次女には洗濯物の分類や洋服の片づけを任せた。長女は大ざっぱでやり直さなくてはならないことも多いけれど、次女はどんなお手伝いもきっちり几帳面にこなす。なくしものや大事なことを忘れたりしがちな長女に対し、次女はほとんどそういうことはない。

６歳を過ぎると次女は、材料さえ準備してあげればキンパ（のり巻き）やいなり寿司をひとりで作れるようになった。くだものや野菜を切るのも好きなので、わたしが横で見守っているときだけ、安全なフルーツナイフを使わせるようにした。子どもには難しい作業を済ませてから、残りを次女に任せる。女の子だからなのかはわからないけれど、ケガをしたことはない。赤ちゃんの頃から危険察知能力が驚くほど高く、少しでも危なそうに見えることとは絶対にしなかった。床に落ちたものを食べてしまったりしないかと心配したけれど、自分では絶対に食べず、拾ってわたしに食べさせようとした。

長女は自分から進んで片付けをすることがほとんどない。いつも散らかしっぱなしだ。次女はわたしと同じ部屋を使っているから問題ないけれど、長女の部屋は放っておくとカオスになる。あまりにも散らかっているときはわたしが片づけて、なるべく散らかさないように注意する。細かいことを気にしない性格で、服のポケットやカバンにゴミが入ったままになっていることも多い。

長女は赤ちゃんのときも家じゅうの引き出しを開けて中身を散らかした。腹が立って「暴れん坊！　もう散らかさないで」と、ダイソーで引き出しストッパーを大量に購入して取りつけた。数年後、もうイタズラをしなくなったので取り外すと、両面テープの見苦しい跡があちこちに残った。どうせ安物の家具だから、それほど気にはならなかったけれど。長女がCDとDVDを床に叩きつけて、ケースがほぼ全滅したこともある。次女は長女とは違って、絶対にそんなことはしなかった。

長女はこの他にもいろいろなものを破壊し、リビングに設置してあった屋外用ブランコの鉄製の棒まで折った。購入先に問い合わせて新しい部品を手に入れることはできたものの、メーカーの担当者は5歳の子が鉄製の棒を折ったということが信じられなかったらしく、何度も聞き直された。長女には「お願いだから、もうおうちを壊さないでね」と頼んだけれど、その後もお風呂でふざけてプラスチックの浴槽を壊すなどハプニングは続いた。

2人とも集中力が高くて賢いけれど、次女は何かを教えようとすると言い訳が増える。ハングルを学ぶときも算数を学ぶときも、わからないことに挑戦するのを嫌がった。失敗すると落ち込みやすい性格なので、簡単なことからやらせて達成感を味わえるようにした。うまくできるようになれば楽しさを感じられるようになるけれど、そこに持っていくまでが難しい。褒められて伸びるタイプだから、とにかく褒めまくって難関を突破した。

そんな次女は、幼い頃から美男美女が大好きだ。ディズニーのアニメ映画『ライオン・キング』のシンバがカッコいいから結婚すると言い出したときは、「ライオンと結婚するつもり？」とあきれてしまった。次女がそう言うまでは気づかなかったけれど、たしかにシンバはイケメンの要素を備えている。

ドラマ「トッケビ」を見たときは俳優コン・ユの大ファンになった。コン・ユの写真がプリントされたタンブラー付きのコーヒーセットを買ったら、次女はタンブラーを持って顔のそばに当て、写真を撮ってほしいと言った。「コン・ユはおじさんで、あなたが大人になったときはおじいさんになるのよ。おじさんを好きにならないで」と言い聞かせた。

同世代の友達の男の子を自分の彼氏だと主張していたこともある。近頃の子どもたちは、

「母胎ソロ」[33]とからかわれないように恋人がいると自慢する傾向があり、彼氏とお友達の違いもわからずに言っているだけらしい。長女も彼氏がいると言っていたけれど、先日別れたそうだ。別れの理由を聞いたら「引っ越したから」という答えが返ってきた。

将来の夢について娘と話す

次女は数年前から美容師になりたいと言っている。外出するときはいつまでもヘアセットをしているので、「早くしなさい」とついつい小言を言ってしまう。トップス、ボトムス、アウターなどのコーディネートにも時間がかかる。お年玉をもらったらネットショップで洋服や靴を買いたいと言い、ヘアカラーをしてみたいとせがみ、美容ハサミでセルフカットをすることもある。絵を描いたり人形の洋服を作ったり、メイクやヘアセットのYouTubeチャンネルを熱心に視聴してまねしたりもする。

次女には、美容師だけでなく美術教師やスタイリスト、ファッションデザイナー、インテリアデザイナー、視覚デザイナーなども興味に合いそうだと話して、幼いうちから視野が狭くならないように指導している。長女のほうも絵を描くのが好きで、自分で作ったキャラクターを見せてくれたりする。2人が美術活動を楽しむのは、保育園や学童保育でお絵描きや工作をした経験が多いからだと思う。わたしは保育園に通ったり、習いごとをしたりしたことがないので、絵や工作を教わったことがない。絵があまりにも下手で、学校の美術の時間は恥ずかしい思いをした。とはいえ、姉は絵を描くのが好きだったから、似たような環境で育っても素質によって差が出ることはあるらしい。

長女は最近、ミュージカル俳優になりたいと言い出した。努力すれば叶う夢もある。けれど、スポーツ選手や歌手などの仕事で食べていける人はほんのひと握りに過ぎず、生まれつきの才能にも大きく左右される。歌手になるには生まれつきの声量が必要だから、練習するだけでは足りない。うまくいかなければ練習を続けるモチベーションも上がらない。わたしは正直に、あなたの声量や歌唱力ではプロのミュージカル俳優になるのは難しいと話した。どんなに歌がうまい人でも仕事にするのは難しいから、そうでなければ趣味として楽しんだほうがいい。幼くてもいい声を持っていて、絶対音感を備えた子たちがいるものだ。声質で言えば、次女のほうが歌には向いていそうだ。次女がやりたがるようなら、パンソリ[34]を習ってもいいかもしれない。

33 お母さんのおなかから生まれてから一度も異性と交際したことがない人。

YouTubeクリエーターになりたいと言うこともあるけれど、流行りの職業だからライバルも多そうだし、趣味レベルで終わる人がほとんどだろうなと思って聞き流している。それに、魅力的なコンテンツを作ることが肝心だから、その才能があるならYouTube以外の仕事をしたほうがいいかもしれないと勧めることもある。

そんな長女は、数学と科学が好きだ。ドラマ「賢い医師生活」にハマったときはお医者さんになりたいと言っていた。人を助けることが得意だから、ぴったりの職業だと思う。医学部に入るには成績優秀でないといけないから狭き門ではあるけれど、医療関連の職業は多いし、需要も増えている。機会があるたびに、医者以外にも医療系の仕事にはさまざまなものがあることを伝えている。

ほかにも初級レベルのコーディング講習や3Dプリンティング、メイカーズのプログラムにも積極的に参加させている。何ごとも経験してみないと自分に合っているかわからないし、こうした知識はどんな職業に就くにしても必要な教養になっているからだ。スタンプをデザインしたり、ロブロックス（Roblox。全世界のZ世代に人気のオンラインゲーミングプラットフォーム）に自分の世界を作ったりするように勧めることもある。

娘たちは2人とも料理好きだから、料理人になってもいいかもしれない。第4次産業革命の時代に、ＡＩが取って代わることのできない美容師や料理人といった仕事に娘たちが興味を示しているのは幸せなことだと思う。時短レシピばかりを追求しているわたしが料理を教えるのは難しいので、長女はいろいろな料理体験教室に通わせた。次女にも料理などの体験レッスンを受けさせたかったけれど、小学校入学直前にコロナ禍が始まって、計画通りにはいかなかったのが残念だ。幸いなことにわたしの姉妹は料理が得意なので、娘たちはおばの家に行くと楽しそうに料理に参加している。

お金を残すより重要な親の役割

娘を２人育てながら、子どもの成長には生まれつきの気質が大きく影響するということを知った。娘がひとりしかいなかったら、「子どもはみんなこういうものなんだな」と思い込んでしまっていたかもしれない。あるいは、親の教育だけに左右されるものなのだと考えていたかもしれない。

子どもによって育て方も変わってくる。どこまでが遺伝で、どこからが環境に左右され

34 朝鮮の伝統的民俗芸能。歌い手と太鼓の奏者による演奏。

るのかをきっちり区別するのは難しくても、人それぞれ違う性格を持っていることはたしかだ。生まれつきの気質を長所として伸ばせるように、最大限導いてあげるのが親の役目だと思う。

わたしは大人になってから水泳を学び、スケートのすべり方や自転車の乗り方を身につけた。育ち盛りの時期に習えたらすぐに上達しただろうけれど、年を取ってから仕事の合間に学ぶのは大変だった。ピアノは今も弾けない。仕事を引退したら、習う時間ができるかな？　視野や経験が制限されていると、自分の好きなことや得意なことに気づけない。経験したことがないから興味を持てないのか、もともと合わないのかをたしかめることができない。

家族に医者が多い子どもは、自然と医者を目指すようになることが多い。そうかと思うと、家庭環境に恵まれずに育った影響から、安定した仕事を選ぶ人もいる。ある知り合いは、親も親戚も貧しくて定職に就いている人がほとんどおらず、教師になることしか考えられなかったそうだ。安定した職業の中で見慣れているのは教師だけだったので、自分にもできそうだと思って選んだという。今も誠実で仕事熱心な教師として働いてはいるけれど、先生になりたいと心から願っていたわけではなく、他には選択の余地がないと考えて仕事を選んだ。もしもっと幅広い選択肢があったら、どうなっていただろう。

成長期に広い世界に接してさまざまなことを体験すると、自分の可能性を知る機会が増える。子どもにたくさんの挑戦をさせて才能と素質に気づかせてあげるのは、財産を残すよりも大切なことだと思う。特にこれからの時代は、一生の中で職業や役割が変わることになりやすいから、変化に対応できる学習能力や柔軟性が求められる。こうした能力は自然に芽生えるものではなく、多くの挑戦や試行錯誤、成功体験から生まれる。娘たちはわたしと同じように好奇心旺盛で、新しい体験をするのが好きだ。保育園や文化センターのレッスン、学校行事やさまざまな学習プログラムに参加して、いつも積極的に活動している。

わたしは暇さえあれば、娘たちと一緒に博物館やイベント会場を訪れる。さまざまな体験プログラムに参加したり、地域のあちこちを歩き回ったり、日帰り旅行や1泊2日の旅に出る。2019年には、子どもたちが幼い頃はできなかった海外旅行をした。11年ぶりの海外だったから、めったに行けないコースを選び、娘たちと一緒に8泊9日で北欧4カ国をめぐった。コロナ禍の直前に海外に行けたのはラッキーだったと思う。

ソーシャルディスタンス政策による移動制限の中でもわたしたち一家は密を避けてキャンプ場や公園に出かけ、毎週末インラインスケートや自転車、スケートボードを楽しんだ。

長女を養子に迎え、
宝箱を手にしたような
気分になった。

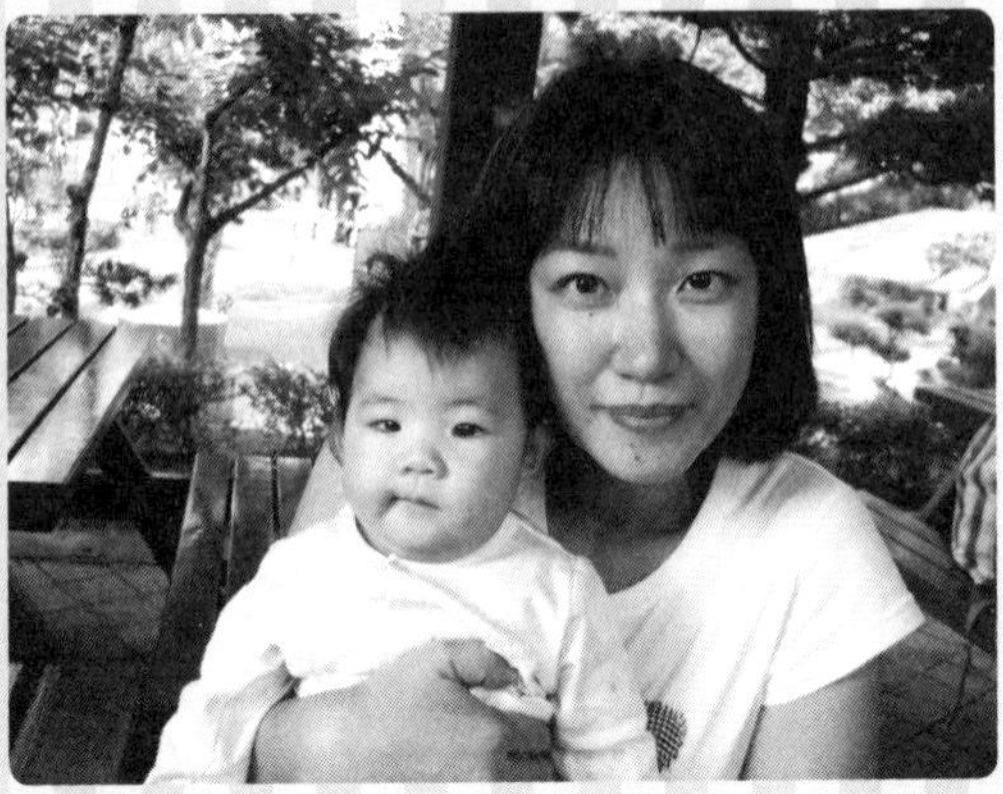

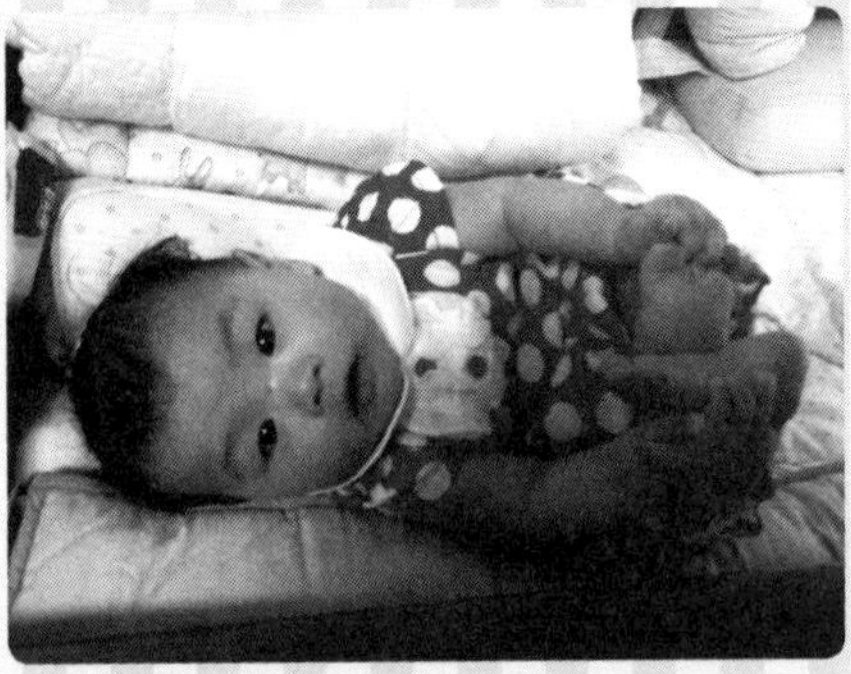

次女とはじめて会った日。
このときすぐに養子縁組
できていたら、わたしたち
は苦労しなかっただろう。

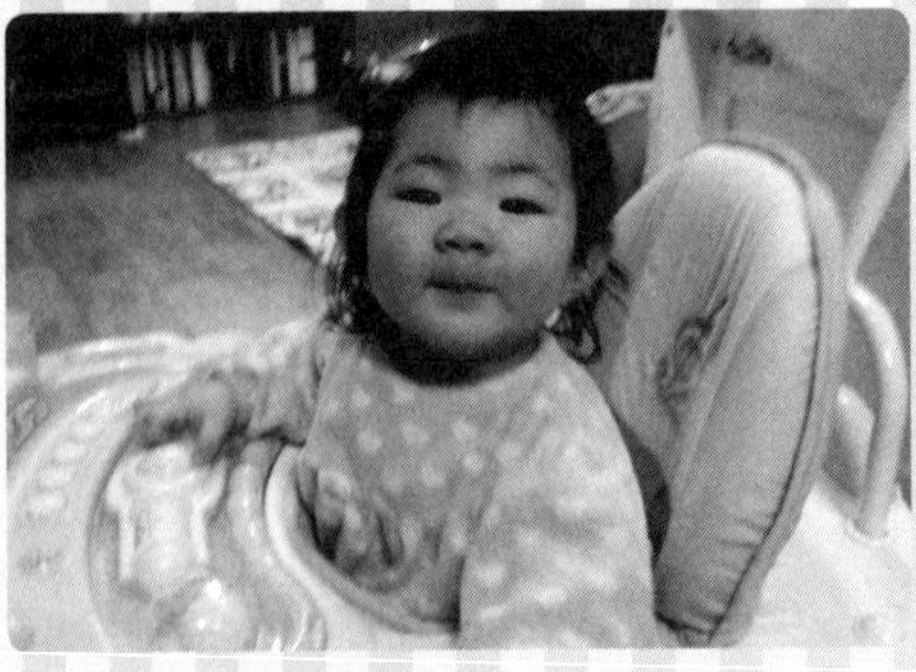

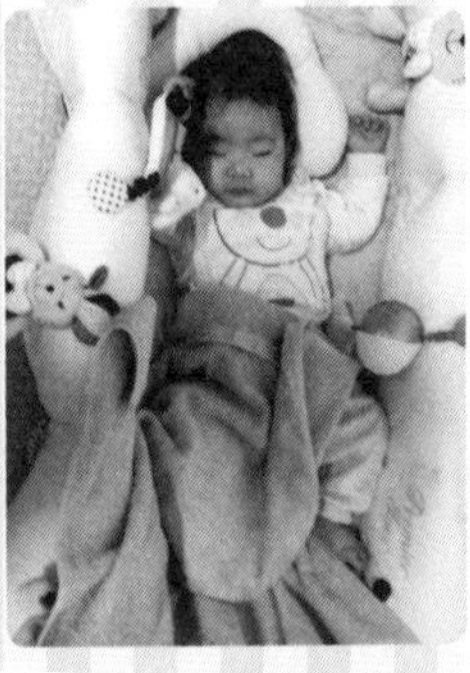

右:乳幼児突然死症候群が心配で、赤ちゃんがうつ伏せにならないように、四方を囲める折り畳み式のベッドに寝かせた。
左:赤ちゃんを歩行器に座らせておけば、安心して家事ができる。

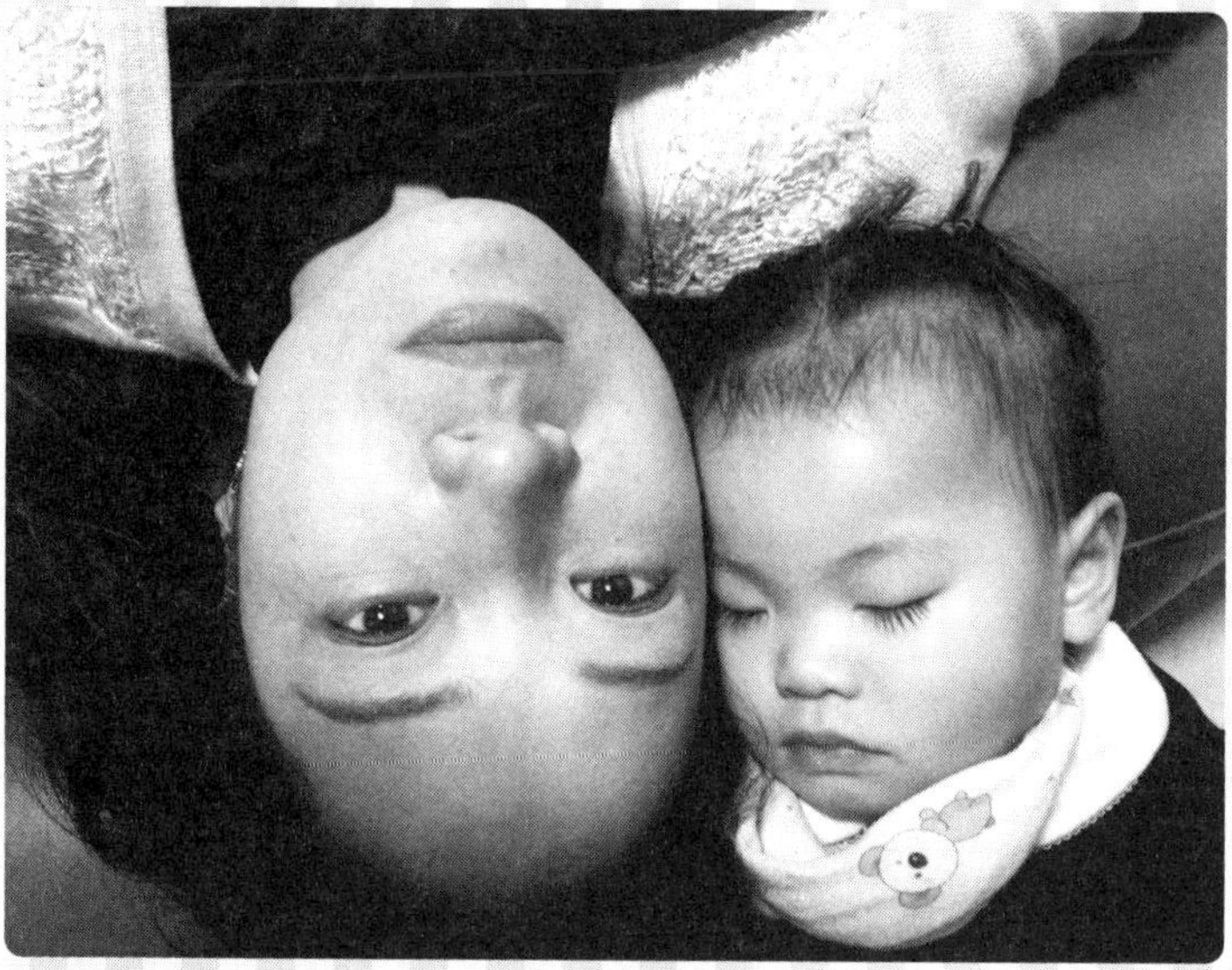

あわただしい旧盆行事の夜、疲れて寝ついた娘とその隣に横たわる私。

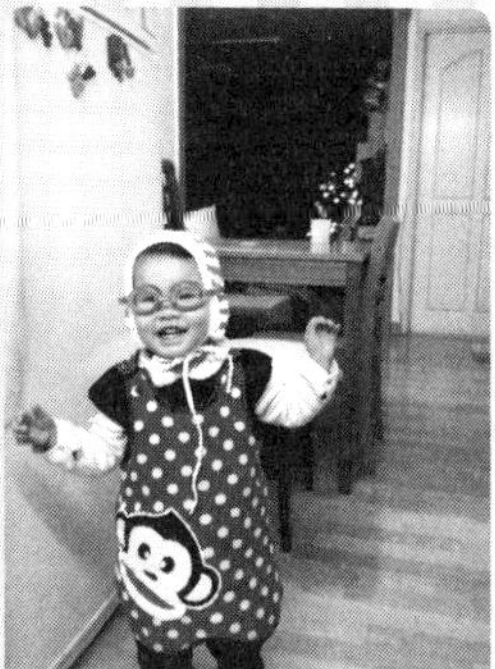

左:几帳面で繊細な次女は、小さな頃から料理が好きだった。
右:スイムキャップとゴーグルで、オンマを驚かせようとするイタズラっ子な次女。

上:目玉焼きになった長女。
下:毎週土曜日にレンタルセンターでおもちゃを借りていた。長女のお気に入りは大型のおもちゃ。

キッズカフェは必須コース。公園と外遊びばかりでは親の体力がもたない。

次女は幼い頃からキックが得意だった。北村の韓屋にて。

右:人生では誰もが初心者だ。転んで、しりもちをつきながら世の中を学んでいく。
左:エネルギッシュな長女は水遊びスポットに行くと、キャッキャと笑いながらいつまでも遊び続けた。

動物好きな娘たちは犬を飼いたがっているけれど、これ以上、扶養家族は増やせそうにない。

右:がんばってブロックの家を完成させ、おどけて見せる娘たち。
左:喜怒哀楽を分かち合える相手がいつでもそばにいるというのは幸せなこと。

ロフトベッドは寝る場所ではなく、娘たちの遊び場になった。

窓の外にエバーランドが見えるホテル。娘たちは旅行に行きたいとき、いつも「ホテルに行こう」とせがむ。

11年ぶりの海外旅行。娘たちにとっては人生初の海外だ。コロナ禍を予測してのことではないけれど、2019年に北欧旅行をしたのは英断だった。

英語ミュージカルを通して、ふだんは使う機会のない英語が人間の感情が宿った言葉であることを知った娘たち。団員みんなで長い間の練習の成果を発揮して達成感を味わった。

ボールに埋もれて幸せそうな次女。赤ちゃんのときからボールプールが大好きだった。

床噴水を無我夢中で走りまわる姉妹。

わぁ、海だ！　大はしゃぎでジャンプ。

子どもの頃、裏山で走りまわっていたわたしに似たのかな？　娘たちはいつもはつらつと冒険を楽しむ。

上:3人でよく遊びにいった汝矣島の水色広場。
下:コロナ禍でも、わたしたちは機会を見つけては屋外で過ごした。

第4章

家族を取り巻く社会

恋愛・結婚がこんなにも難しい時代
――「家族の選択肢」を増やそう

オランダの田舎町を舞台とした映画『アントニア』（１９９５年）は、暴力的な男性中心の社会で平和な共同体を作った、４世代にわたる母系家族を描く作品だ。

わたしは映画の内容に１００％共感した。当時、西欧のフェミニズムに関する本や映画に触れ、西欧でも女性が人間扱いされるようになったのは最近のことなのだと知った。同じ頃に観た映画『バグダッド・カフェ』（１９８７年）にも、ドイツ人女性とアメリカの黒人女性の友情から生まれたあたたかな共同体が登場する。

結婚の概念がない人々

約20年前に読んだある雑誌の旅行記に、中国雲南省と四川省の境で暮らす「モソ族」のことが書かれていた。モソ族の人々は結婚せずに自由な性愛を楽しみ、女性が家長となって共同で子どもを育てるという。わたしは、これこそが愛と性、子育てのジレンマを解決するベストなシステムだと思った。

２０１７年に出版された『女たちの王国：「結婚のない母系社会」中国秘境のモソ人と暮らす』（草思社）は、モソ族の社会に魅せられて現地で暮らしはじめた弁護士、曹恵虹《チュウワァイホン》によるエッセイだ。シンガポールとカリフォルニアの法律事務所でワーカホリックに生きてきた彼女は富と成功を手にしたものの、家族も子どももおらず、自分の人生を振り返ったときに思わず笑顔が浮かんでくるような思い出もなかった。同僚の男性弁護士たちは、華麗なキャリアを築き上げていくだけでなく、日々の暮らしを支えてくれる妻とかわいい子どもに囲まれていた。２００６年に仕事を早期リタイアし、中国各地を旅しながら知ったモソ族の世界は、男性中心の社会に違和感を抱いていた曹恵虹に生まれてはじめて安らぎをもたらした。それ以来、モソ族の村を心の故郷として、シンガポールと雲南省を行き来しながら暮らすようになったという。

結婚も恋愛も難しい世の中で

現在の結婚制度では、どんな配偶者を選ぶかによって人生が大きく変わる。特に女性の場合は、社会経済的地位が配偶者に左右されることが多い。人生に及ぼす影響があまりにも大きいので、結婚したいと思わない人が増えているだけでなく、恋愛離れの傾向も強まっている。

結婚を前提にしたものであれば、どうしても恋愛のハードルは高くなる。その一方で、親きょうだいとの関係が薄い人はパートナーに依存しがちになり、よくない恋愛からなかなか抜け出せない。心理的に不安定な男性が恋人に別れを告げられてストーカー化するといった事件も多いため、恋愛に対して用心深くならざるを得ない。

昔は男性が外で働いてお金を稼ぎ、女性は専業主婦として育児と家事を担当するのがあたりまえとされていた。社会が大きく変わった今は、核家族でワンオペ育児をする専業主婦のつらさや孤独が問題となっている。

映画『レボリューショナリー・ロード　燃え尽きるまで』には、専業主婦の普遍的な絶望が描かれている。かわいい子どもたちと稼ぎのいい夫がいて、素敵な家があるからといって幸せとはかぎらない。家にばかりいるのではなく、社会に参加して、クリエイティブな活動をしたいと強く願っている女性も多い。

この映画に登場する夫婦は、どちらもかつての夢を捨てて、現実に妥協しながら生きている。それでも夫は――本来望んでいた職業ではないとはいえ――仕事によって社会とつながっているのに対し、妻は家の中に閉じ込められて輝きを失っていく。パリに行って新しい人生を始めるという計画に胸をふくらませていた妻は、夫の思いがけない出世や第3子の妊娠によって移住が頓挫したことに絶望する。結局、彼女はみずからの手で危険な堕胎を試みて、命を落としてしまう。人生のたくさんの可能性を捨てなければならないというのは、死と同じくらい恐ろしいことかもしれない。

『レボリューショナリー・ロード』に登場する平凡な主婦だけでなく、家で夫の帰りを待つだけの毎日は誰にとっても耐えがたいものだ。前出の『ヒルビリー・エレジー　アメリカの繁栄から取り残された白人たち』の著者J・D・ヴァンスの祖母は、孫が環境の悪条件を乗り越えて主流社会に進出できるように、血のにじむような尽力をした人だった。それでも、自分の子どもたちにとっていい母親とはいえなかった。アメリカの黄金期にそれなりに稼ぎのいい夫と結婚し、経済的な苦労はなかったものの、故郷を離れて知り合いのいない土地で専業主婦として暮らす人生は苦痛でしかなかった。夫が工場で仕事を終えた後、同僚たちとの飲み会を楽しんで帰ってくると、家の中でイライラを募らせていた妻との激しい夫婦ゲンカが毎日のように繰り広げられた。彼女は、酔って寝ついた夫にガソリンをかけて火をつけようとしたことまであった。

こうした暴力的な家庭で育ったJ・D・ヴァンスの母は薬物依存症になり、祖父母はいい子だった娘がそんなことになったのは自分たちのせいだと心を痛めた。J・D・ヴァンスの祖母が献身的に孫の面倒をみたのは、娘への罪悪感からでもあった。

小6の頃に気づいた結婚のデメリット

男性が全面的に生計を担い、女性だけが子育てをするというかたちは、そもそも現代の生活に合っていない。今ほど共働きが一般的ではなかった数十年前から、妻が夫と同じぐらい稼いで家計を支えているにもかかわらず、育児や家事まで押しつけられているという家庭は少なくなかった。実際はバリバリ働いて稼いでいる女性が多いのに、それは正常ではないとか一時的なことだとみなされて、育児と家事は女性に丸投げされていたのだ。

わたしは小学6年生のときに身近な人を観察して、結婚は女性にとってメリットがないということに気づいた。経済力の低い女性が高収入の男性と結婚した場合にかぎり、中流層の生活レベルが保障されるというメリットがある。ただし、その代償は大きい。夫のDVに苦しんでいても、経済力がないという理由で離婚に踏み切れない妻も多いという。たとえ離婚できたとしても、経済的に困窮することになりやすい。男性の場合はこうしたことは少ないだろう。

上流層の女性はもともと実家が裕福だから、経済的な安定のために結婚して夫や姑の顔色をうかがいながら暮らす必要はない。自分自身が資産家というわけではなくても、たいていは家柄の似た富裕層の男性と結婚することになるので、もし離婚しても財産分与を受けて豊かに暮らすことができる。下流層の女性は夫に経済力がないか稼ぎが少ない場合が多く、共働きになるか、貧困に耐えながら暮らさざるを得ない。中流層であっても、仕事を持つ女性の場合は、育児や家事まで押しつけられるという二重苦に直面する。

そこでわたしが出した結論は、「何としてでも経済力をつけて、結婚はしない」ということだった。学校で「一生誰とも結婚しないことにする」と親友に話したら、その子はわたしを上から下までじろじろ見て、「何の欠点もないのに、どうしてそんなことを考えるの?」と言った。わたしとは違って、結婚に肯定的な女の子もいたらしい。

大人になってからは、心から愛し合ってお互いを尊重している夫婦も存在するのだと知った。ある程度の妥協ラインを決めて、それぞれの領域を尊重しながら暮らしている夫婦も多い。けれど、ソウルメイトと出会って結婚する機会が誰にでも訪れるわけではない。運命の人だと思っていたのに、人生という道のりをしばらく一緒に歩む同伴者に過ぎなかったのだと途中で気づくこともある。配偶者だけではなく、その家族がセットになってついてくるというのも、多くの人が結婚をためらう大きな理由のひとつだ。12歳の頃とは世の中が大きく変わったけれど、今でも私にとっては非婚という選択がベストだったと思っている。

恋愛の責任とセックス・ストライキ

「真の自由恋愛」は、出会いと別れが自由で、お互いが経済的に縛られていない関係においてのみ成立する。でも現在のシステムでは、子どものことを考えれば、自由恋愛はできない。妊娠、出産、子育てのすべてに責任を持つことのできる人同士だけがセックスをするべきだ、ということになる。避妊をしていても妊娠することはあるし、そもそも避妊をしない人も多い。性欲は一時の衝動だけれど、避妊や子育てはあらかじめ計画立てや準備をするという理性的な行動だ。

こうした矛盾から、人間社会の大きな悲劇が生まれる。結婚を前提としていない男女の間に子どもができたとき、たいていは女性がひとりで責任を負うことになる。この世には、意図しない妊娠で生まれた子どもたちがあふれている。夫婦であってもうっかり避妊を忘れて、思いがけない妊娠・出産をするケースは少なくない。生物学的には自然なことだけれど、わたしたちが作った社会制度の中で「予定外の出産」は、子どもにとっても親にとっても致命的なダメージになりかねない。

昔の韓国では、妊娠中絶手術がめずらしくなかった。結婚が破談になったときばかりではなく、夫や彼氏が避妊をしないせいで、何度も中絶手術を受ける女性は多かった。5人の子を授かったわたしの母も、無責任な夫のせいで中絶せざるを得なかった。食べていくのがやっとの生活の中で妊娠をしたからだ。

マーガレット・アトウッドの小説『またの名をグレイス』の中で、主人公の母親は望まない妊娠と出産を何度も繰り返し、衰弱して無残な死を遂げる。主人公の親友は、仕事を失いたくないがために、自分を動物のように扱う医師の元で違法の堕胎手術を受け、死んでからもなお軽蔑される。

医学技術が発展した今でも、妊娠中絶は女性の身体と心にダメージをもたらす。避妊用ピルにもアフターピルにも副作用がある。わたしは思春期の頃、絶対に中絶手術を受けるようなことがないようにしようと決心した。女性だけがそんな被害をこうむるのはごめんだった。絶対に堕胎をしない方法はひとつしかない。絶対に妊娠しないことだ。

韓国では1953年から堕胎罪で中絶が禁じられてきた。そのため、「健康上の理由で妊娠の継続が難しい」など、母体保護法の中絶適応条件に当てはまるという建前で手術を受けるしかなかった。２０２１年に中絶を禁じる法律は無効となったものの、実際はまだ解決されていない問題が多いという。歴史を振り返ってみると、堕胎罪は女性の健康、ときには生命までを脅かすものでしかない。中絶が犯罪であろうとなかろうと、女性が損をするしかない現状ならセックス・ストライキ[35]をしたほうがいいと思う。古代ギリシャでも行われた[36]というのだから、現代社会でできない理由はない。

実際、シングル女性の多くが恋愛をしていないという現実を見ると、組織的なレベルではないとはいえ、セックス・ストライキが進行しているような気もする。わたしの身近には、社会生活はうまくやっているけれど、ほとんど恋愛をしない〝干物女〟が多い。

夫婦カウンセリングの専門家によると、セックスレスの夫婦も増えているという。今の社会では自由恋愛どころか、恋愛やセックスをしないほうが気楽な面も多い。男性の中にもそんなふうに考えている人が増えているように思える。文化的な理由からなのか、日本と韓国で目立つ現象だ。

前述のモソ族は恋愛と子育てを分けることによって、この矛盾を解決している。母親は自由恋愛を楽しみ、子どもたちは安定した母系家族の中で育つ。子どもの父親が誰なのかわかっていたとしても重要な存在ではなく、祖母と母方のおじ・おばが母親と共に主な養育者になる。

モソ族の母系大家族はひとつ屋根の下で暮らしている。女性は自分専用の寝室で夜にパートナーと会うだけなので、恋愛が日常生活に影響を及ぼすことは少ない。恋愛は2人の間だけで行われ、誰が誰と交際しているのか公になることもない。当然、パートナーの家族と関わることもない。子どもたちは母親のパートナーが変わってもまったく影響を受けず、同じ家で同じ家族と暮らし続ける。ここが重要なポイントだ。

現代社会では個人の欲求が高まって離婚率が急上昇し、最近は結婚率が急激に下がっている。ヨーロッパではすでに未婚の母による出産が6割に及び、アメリカも半数に迫っている。ヨーロッパ諸国はこうした現実に合わせて制度を再編し、新しい家族のあり方を構築している。

とはいえ、いくら家族制度が再編されても、恋愛関係の延長として家族が誕生するかぎりは、親の恋愛に子どもたちの人生が振り回されることになる。子どもたちは安定した家

35 停戦要求や抗議を目的として、パートナーとの性行為を拒むこと。
36 ギリシャの劇作家アリストパネスの喜劇『女の平和』の中で、主人公のリューシストラテーに導かれた女性たちが夫との性行為を拒み、ペロポネソス戦争を終わらせる。

庭で育てられるべきだ。母親や父親の恋人が変わるたびに家族の構成員が変わったり、住む家が変わったりすれば、親がどんなにわが子を愛していても、子どもたちは混乱してしまう。

『ヒルビリー・エレジー』の著者は、恋人が変わるたびに一喜一憂する母に育てられて、不安定な幼少期を送った。継父候補たちの家を転々とする日々を送り、少年期に祖母の家で暮らしはじめてから、ようやく学校生活に専念できるようになった。

出生率の低下を止めるには

ヨーロッパでは結婚制度が崩壊して未婚出産が一般的になったけれど、韓国は日本よりさらに速いスピードで婚姻件数と出生率が減少している。[37] 未婚出産の割合も極めて低い。人口問題の専門家たちは、韓国の出生率急減の原因をよくわかっているようだ。それでも、婚外子をタブー視する儒教的家族観の中では、国が積極的に未婚出産を奨励するわけにもいかず、減りゆく結婚世帯を対象とした出産・子育てのサポートを強化している状況だ。

出生率の深刻な低下は、未婚出生率の低さと深い関連がある。とはいえ、今の状態で未婚の出生率が上がったら、さまざまな問題も起こるだろう。未婚で子どもをしっかり育てるには、夫婦が子育てをするときと同じように、十分な経済力と子育てをサポートしてくれる存在が必要だ。経済力を備えていない女性が選択的シングルマザーとして出産し、実家や子どもの父親のサポートを受けずに子育てをする状況が増えたら、社会の二極化はますます進んでいくと思う。

　政府による少子化対策が「とにかく子どもをたくさん産む家庭を支援する」という方式になると、その恩恵を受ける家庭と、あまり受けない家庭に偏りが出やすく、公平性の面で問題がある。そればかりか、女性の労働市場参加率を下げて、産む人と産まない人の二極化を広げ、親から子へと貧困が連鎖する悪循環を引き起こしかねない。

　一部の家庭だけが子どもをたくさん作るのではなく、なるべく多くの家庭が子どもをひとりでも作れるようになるといいと思う。子だくさんの家庭と子どもがひとりもいない家庭の二極化が進むと、家族に優しい社会や職場を作るのはますます難しくなるし、働く女性が子どもを産みにくいという現実を変えることはできない。子どもを産んで育てたいと

37 韓国の婚姻件数は10年で40%減。2023年の合計特殊出生率は0.72で、OECD加盟国の中で1を切ったのは韓国のみ。日本は1.20。

考えているすべての人を支援することによって、真の意味で出産が祝福される世の中になる。大勢の人が子育てを経験することによって、家族に優しい社会が実現すれば、安心して子どもを産める好循環の仕組みを作ることができる。子どもをひとり作った夫婦は、条件さえ許せば、もうひとりか2人欲しいと考えるようになるものだ。

働き続けることが可能か？

もう一つ、韓国の出生率が低いのは、国民の責任感が強いからでもあると思う。責任感は子育てに欠かせない要素ではあるけれど、これがかえって「子どもを産まない」という選択につながっているようだ。未来に備えて徹底的な準備をする人ほど結婚をせず、出産もしない。子育てをしながら働くのが難しいというのがその大きな理由のひとつだ。

低所得の夫婦であっても、共働きなら中所得者層と同じくらいの世帯収入を得られる。仕事と子育てを両立しやすい社会になれば、共働き夫婦の多くが子どもを2人以上作るようになるのではないだろうか。また、欧米のように非婚でもパートナーと同棲したり、家族や友人と協力したりしながら子育てをする人も増えていくことだろう。

韓国では未婚の出産は少ないものの、ひとり親家庭はめずらしくない。女性家族部の「２０１８年ひとり親家庭実態調査」によると、ひとり親家庭になった理由の77・６％は離婚で、死別が15・４％、その他が７％だ。そのうち46％が政府の支援を受けており、ひとり親家庭の経済状況が厳しいことがわかる。

また、母と子だけで暮らす家庭は51・６％、その他の世帯員を含む母子家庭は13・９％で、母親が家計を支えるひとり親家庭は65・５％と半数以上に及ぶ。韓国は開発途上国に比べて、女性の労働市場参加率が低く、子育てや家事をしながら正社員として働くのは難しい。そのため、ひとり親家庭の家計を支えている母親の多くは所得が低く、生活保護受給者になりやすい。

その点、前述のモソ族の母系社会にはこうした制約がない。家族が共同で子育てをしているから、女性も思う存分働くことができる。男性たちもひとりで稼いでひとりで暮らしているわけではなく、母親や女きょうだいと一生同居を続けて、甥や姪の子育てに参加する。

少子化を克服するには、国による子育て支援がもっと必要だ。それも、ひとり親家庭だけを対象にするのではなく、社会全体で子育てを支援する仕組みを作っていかなくてはいけない。福祉の面からアプローチするだけでは、ひとり親家庭に対する差別や偏見がますます強まることになりかねない。未婚出産の場合も含めた別居親（非養育親）にきちんと養育費を支払わせる法制度を整えるだけでも、国の財政支出を増やすことなく強力に、ひとり親家庭を支援できるはずだ。[38]

母子家庭でも父子家庭でも共働き家庭でも、子育てをしながら働くのは簡単なことではない。社会生活や職場生活を送るうえで、子育てがマイナスにならない世の中を作ることが重要だ。出生率を上げる前に、多くのひとり親家庭の貧困を解消するためにも、仕事と家庭の両立を後押しする政策を強化することが大切だと思う。

一族で子どもを育てる

きょうだい4人の中で姉が最初に子どもを産んだとき、半分ぐらいはわたしの子みたいなものだなと感じたりした。この子たちのためにもしっかり生きていこうと決心したし、週末になるたびに姉の子どもたちの面倒をみて、勉強を教えた。

わたしにかぎらず、甥や姪を溺愛する人は多い。数年前、甥に財産を譲ったという国会議員が資産隠しとみなされて非難を浴びていたことがある。時事番組の男性コメンテーターは、「叔母が甥に財産をそっくり譲るなんてありえない」と断言した。彼にこう言いたかった。国会議員みたいに財産があるんだったら、わたしだって譲りたい。甥っ子や姪っ子を大事にしている人には、この気持ちを理解してもらえると思う。

わたしが養子縁組した2人の娘は、うちの家族全員にとっての娘になった。両親はなかなか認めてくれなかったけれど、きょうだいたちはすぐに受け入れて応援してくれた。家族の集まりにおいて、子どもの存在はとても重要だ。両親と不仲で、それぞれの生活に忙しかったわたしたち一族は、姉が子どもを産んだことによって活気づいた。ところが、孫たちはあまり交流のない祖父母になつかず、わたしたち4きょうだいは家が離れていたこともあって、集まる機会がほとんどなかった。姉の子どもたちが成長するにつれてますます疎遠になっていくように感じられたけれど、わたしが養子を迎えたことによって家族は再びひとつになった。

それまでは嫁や婿を煙たがり、孫に対しても遠慮がちだった母は、うちの娘たちには気

38　2021年度の韓国国会立法調査処の報告書によると、養育権を持つ離婚・未婚親の72.1%が非養育親から一度も養育費を受け取っていないという。

兼ねなく接して、惜しみなく愛情を表現した。妹は養子縁組機関の家族面談で「一緒に子育てをする」と言い、他の甥姪と同じようにわたしの娘をかわいがってくれた。同居同然で子育てをサポートしてくれた時期もあった。

妹とは今もしょっちゅう子育てについて話し合い、子どもたちと過ごす休暇の計画を立てている。姉は忙しい人なので頻繁に会うことはできないけれど、愛情表現に敏感な次女はわたしよりも伯母さんのほうが好きみたいだ。娘たちは幼い頃から、フレンドリーな姉によくなついていた。遠く離れて暮らす兄は、わたしが引っ越しをするたびに手伝ってくれた。家にある膨大な量の絵本や児童書をいつも持ってきてくれて、うちの長女より6歳年上の姪の服を兄嫁がきれいに整理して譲ってくれたおかげで、本代も服代もほとんどかからなかった。子持ちの知人たちも、服やおもちゃを譲ってくれたのでとても助かった。

娘たちは母方の家族にたっぷり愛されて、自分たちはどこに行っても愛される存在だと感じながら育った。「母方の親戚」と「父方の親戚」という概念がそもそもなかったので、伯父さんは実は母方の伯父で、伯母さんと叔母さんは母方の伯母と叔母で、おばあちゃんは母方の祖母だということを理解させるために、のちのち長い説明をすることになった。小学校の教科書にこうした呼び名が出てくるからだ。

わたしたちは、協力して子育てをしながら同じ時間を過ごすことによって、拡大家族[39]の絆を深めた。核家族の中だけで子育てをするのは難しい。血縁で結ばれた家族や地域社会、子育てのために作られたコミュニティなど、子どもは共同体の中で育っていく。

壊れた家庭をつなげる存在

父が壊した家庭を復元すること。それこそが、わたしを幼い頃から強く突き動かしてきた原動力だった。子どもたちによって、わたしたち家族はまたひとつになった。不完全ではあるけれど、一種の母系社会を作り上げて、連帯と協力を強めている。

共働きの増加にともなって、核家族が拡大家族に戻るケースも多い。実家や婚家の近くに引っ越したり、子育てを手伝ってもらうために同居したりする夫婦が増えている。とはいえ、これだって必ずしもうまくいくとはかぎらない。実家の家族が一丸となって育児をしようという意識にならず、タダ働きさせられていると感じたり、姑が〝嫁の仕事〟を押し

39 親と子で構成された核家族にその血縁者が同居しているか、親密に交流している家族。

つけられている〟と考えて不満を抱いたりすることもある。
それでも、女性にとっては実家の家族のほうが気楽だと思う。子育てのときだけ協力するのではなく、家族の構成員が一生みんなで助け合っていけば、子育てと老後の問題がどちらも解決するのではないだろうか。

娘が親の面倒を見ているという家庭は少なくない。娘たちは経済的な援助をするだけではなく、たくさんの時間と真心を注いで親の面倒を見る。男性中心だった家も、時が経つにつれて娘を中心に集まるようになっていくことが多い。これは女性が家族間の感情労働[40]を担うという家父長制の特徴にも関連しているものの、女性の地位が高まり、家族の中心となる傾向が強まっているということでもあるだろう。

きょうだい関係の中でも、姉妹は年を取って死ぬまで親しく過ごすことが多く、配偶者と死別した後に一緒に暮らすこともあるようだ。わたしも晩年を共にする人は姉や妹だと思う。娘たちが幼い頃、3人で街を歩いていると、見知らぬおばあさんから「2人も育てるのは大変でしょうけど、年を取ったらすごく楽しいわよ」「娘が2人もいるなんていいわねぇ」と声をかけられることがよくあった。姉と妹がいて、娘が2人もいるわたしは、老後に寂しさを感じることはなさそうだ。

母系家族がすべての人にとっての解決策になるわけではない。実家が息苦しいとか、母親が悩みの種だという人もいるだろう。ともあれ、母系の拡大家族は子育てにおいてはメリットが大きい。今は誰でも家族のかたちを選択できる時代だ。

申師任堂《シンサイムダン》[41]は、実家でのびのびと暮らす母親と共に母系家族の中で成長し、結婚後もしばらく実家で暮らしながら子どもを育てた。申師任堂と彼女の母は母系家族の絶対的な愛と保護に包まれて、学問と芸術活動に打ち込むことができた。今も韓国ドラマでお約束のように描かれる「義父母との同居生活」みたいなものに縛られることはなかった。

申師任堂は、女性の活躍がめずらしかった朝鮮時代に、画家としても詩人としても名声を博した。家父長制社会において良妻賢母の鑑とされ、理想的な女性像として掲げられてきたけれど、実は、自分の才能を存分に発揮しつつ、安定した環境で子どもを育てられる「母系家族のメリット」を証明した人物だ。朝鮮を代表する儒学者であり政治家だった彼女の息子、李珥《イイ》にとっての精神的支柱が父親ではなく母親だったことは、当時の儒学者た

40 自分の感情を抑えたり誘発したりしながら、相手の中に適切な精神状態を作り出す労働。

41 朝鮮時代の書画家。甲斐性のない夫を支えて、三男の李珥を著名な儒学者に育て上げた。韓国の最高額紙幣である5万ウォン札に肖像画が描かれている。

ちにも否定できない事実だろう。

時代とともに男性も変化している

「一夫一婦制」は、男性間における一種の平和条約だと思う。お金と権力を持つ男性たちが女性を独占するという昔の一夫多妻制社会では、下流層の男性は女性に近づくことすらままならなかった。女性をめぐって男性同士の争いが絶え間なく繰り広げられると、社会の緊張が高まる。

古くから、男性の権力者が誰かの女性を奪うことは、同盟を破り、共同体を崩す火種となった。やがて男性はひとりの女性だけを独占するという「一夫一婦制」を受け入れ、その女性と子どもを得る代わりに、生涯扶養する義務を担うようになった。扶養の義務を誰もが忠実に果たしたわけではないものの、その独占権は男性に労働のモチベーションを持たせる効果があった。とすると、経済力だけで評価され、お金を稼ぐ道具、仕事の虫として生きてきた男性たちがその制約から解放されたら、彼らははたして何を目的にがんばっていけばいいのだろう？　女性と子どもを〝支配〟することはできなくなり、代わりに自由を得た男性たちもまた、大きな変化を迫られている。

家父長制において一般的な形態とみなされてきた「中産階級の家庭像」（家庭の外で働く男性と専業主婦として家庭内で働く女性から成る）はもはや成り立ちにくくなってきた。男性の多くはもっと上を目指して必死に働き、勤務時間外にも財テクに励んでマイホームを買い、結婚して子どもを持つことによって、堂々たる主流社会の一員であることを確認する。妻子を従えて、彼らに良質の生活を保障することが主流社会の基本条件だ。ただし昔とは違って、優しい夫、優しい父親でいなければ家庭を維持できないから、日々の苦労が多い。週末は親切なドライバーとして、キャンプ場では料理人として活躍する。収入を上げていくのは昔より難しくなったうえに、〝温情的な家父長制〟においては家族にいつも奉仕するマルチ執事の役割までこなさなくてはならない。

その一方で、働かない男性や、仕事をしていても余暇時間の多い男性が急増した。ネットさえつながっていれば家の外に出る必要を感じない人々は、オンラインの世界に巨大なコミュニティを構築した。サイバー犯罪で生計を立てたり、これを趣味としたりする男性も増えている。その一部は、ダークウェブ[42]やテレグラムでの犯罪を引き起こした[43]。

崩壊した家庭で育った不安定な男性は、自分の面倒をみてくれなかった母親に代表される「女性」全般を嫌悪することがある。女性嫌悪による犯罪を起こした男性の多くが、母親不在の幼少期を過ごしたというのは偶然の一致だろうか？　もちろん、彼らが犯罪者になったのは、主養育者である父親の責任も大きい。もし他の養育者によって育てられていたとしたら、人生は変わっていたのではないだろうか。母親を愛し、尊敬している人がミソジニー犯罪を起こすとは思えない。つまり、夫の暴力から逃げるために母と子が別れるようなことがなくなれば、多くの少年たちの人生はずっといいものになるだろう。

家庭があるかどうかにかかわらず、趣味を極めるためにお金や時間を使い、自己実現に励む男性も増えた。いまや、経済的成功や家族の幸せが人生の第一目標ではないとする男性も多い。女性たちが主体的な人生を歩むために古いしきたりから抜け出したように、男性たちも新しい生き方を追求している。

また現在、「配偶者を失った50代以上の男性は孤独死の割合が高い」ことはよく知られている事実だ。離婚や死別後、男性は女性に比べて生活の質が大きく下がる。孤独な男性を狙う犯罪も少なくない。男性が支配する世の中ながら、寿命は女性のほうがずっと長い[44]。家父長制は、男性にとって不幸な体制になってしまったのだろうか。

前述のモソ族の社会は、女性が男性を抑圧するものではない。女性の男兄弟も一生実家で暮らして力仕事などを手伝い、尊重される。男性が経済力によって評価されることはなく、ひとりで扶養の責任を負うこともなく、家族全員が共に働いて苦楽を分かち合う。

モソ族の村は観光地化が進み、中国の主流社会に吸収されて、次第に伝統文化を失いつつある。とはいえ、現代社会よりも自由で平等なこの「古い未来」は、恋愛や結婚、家族、家庭と仕事の両立、子育てなど、人生のあらゆる面で新しい提案を模索する人々に深いインスピレーションをもたらす。昔ながらの家族制度が崩れていく中、代わりとなる体制はまだ韓国に定着していない。

愛情不足と不安、憂鬱が蔓延した世界において、安定した環境で子どもを育て、すべての人が精神的な欲求を満たして自由を手にするにはどうすればいいのだろう？　個人的にも社会的にも、さまざまな探索と熟考が求められている。

42　Googleなどの一般的な検索エンジンでは表示されず、特殊なブラウザを使って閲覧するインターネット領域。匿名性が高いため、麻薬の取引や違法に入手した個人情報のやりとりなどに使われることがある。

43　2018年～2020年にかけて起こった「n番部屋事件」がよく知られている。犯人の男性たちは、オンラインのチャットルームで未成年者を含む女性に性的搾取・虐待を行い、ルームにアクセスする権利や映像をユーザーに販売して収益化していた。

44　2022年度の韓国の平均寿命は、男性が79.9歳、女性は85.6歳。

第5章

韓国の養子縁組事情

行き場のない子どもと養子縁組制度
――当事者の幸せをいちばんに考えるシステムとは

安定した家庭で育った女性でも、望まない妊娠をすることはある。でも、親がすぐに中絶手術を受けさせたり、娘が産んだ孫を晩産のわが子として育てたりするので、周囲に知られることは少ないのではないかと思う。

アメリカドラマ「デスパレートな妻たち」で登場人物のひとりが10代の娘が産んだ赤ちゃんをわが子として育てるのを見て、韓国にもこんな人が一定数いるのではという気がした。娘が10代なら母親は40代ぐらいだろうから、自分が産んだ子だと言っても不自然ではない。娘を溺愛する親が多い世の中だ。婚外出産をしたからといって、家から追い出すだろうか。ひとりで子育てに苦労している娘をサポートしない親がいるだろうか。

匿名ベビーボックスに預けられる赤ちゃん

統計庁の2020年人口総調査によると、韓国の未婚の母は2万5772人、未婚の父は6千673人。主な年齢層は30〜40代だから、自分で子どもを育てている未婚の親は経済力を持ち、社会的に自立していることがうかがえる。こうした統計結果からわかるのは、「未婚の親に対する偏見」が子どもを養子に出す理由になるのではなく、社会経済的に苦しい状況にある若い親が子どもを手放さざるを得ないということだ。最近、青少年福祉支援法が改正され、満24歳以下の親への養育費や医療費のサポートが拡大された。若い親たちが子育てをしつつも学業をあきらめることなく自立できるように、さらなる支援が必要だと思う。

ほかにも近親相姦や浮気、性的暴行による妊娠で生まれた子どもは、出生届が未提出のまま遺棄されたり、ベビーボックス[45]に預けられたりすることも多い。生みの母親は、赤ちゃんが出生の秘密を知らずに新しい家庭で育てられたほうがいいと考えて、あるいは、自分の家庭を守るために、こうした決断をするという。

ベビーボックスを利用した親は、赤ちゃんがいい家庭に養子縁組されることを願ってい

45 親が匿名で赤ちゃんを預けられる装置。キリスト教団体や仏教団体が運営する。日本の赤ちゃんポストに相当。

る。でも、出生届を出されていない子どもは養子縁組が難しく、たいていは施設で暮らすことになる。こうした子どもたちが養親を見つけるには、自治体や児童養護施設の代表者が積極的に動かなくてはならないが、彼らは養子縁組の専門家ではないし、何かあったときは自分が責任を取ることになるから、一肌脱ごうという人は多くない。一方で最近、市民団体の尽力で大規模な里親募集活動が行われ、多くの赤ちゃんが養護施設へ直行するのではなく、里親家庭で保護されるようになった。

行き場のない子どもをサポートするための真摯な取り組みがつづられた『こうして家族になる』（チョン・ウンジュ著、ミンドゥルレ刊、2021年）には、ベビーボックスの赤ちゃんについての詳細をはじめ、児童養護施設やファミリーホーム、自立準備青年（児童養護施設退所者）、里親家庭、養子縁組家庭についてのさまざまなインタビューや最新資料が掲載されている。

韓国の養子縁組3つのかたち

韓国の養子縁組には3つの方法がある。ひとつめはわたしが利用した「養子縁組特例法」にもとづく養子縁組、残る2つは民法にもとづく「一般養子縁組」と「親養子縁組」

〈表1〉要保護児童の発生原因

(単位:人)

	2010	2011	2012	2013	2014	2015	2016	2017	2018	2019	2020
合計	8,590	7,483	6,926	6,020	4,994	4,503	4,583	4,125	3,918	4,047	4,120
虐待、父母の貧困や失踪など	4,613	3,928	3,944	3,668	2,965	2,866	3,139	2,778	2,726	2,865	3,006
非行、家出、浮浪児	772	741	708	512	508	360	314	227	231	473	468
未婚親、婚外子	2,804	2,515	1,989	1,534	1,226	930	855	847	623	464	466
遺棄	191	218	235	285	282	321	264	261	320	237	169
迷子	210	81	50	21	13	26	11	12	18	8	11

e-나라지표(www.index.go.kr)

〈表2〉要保護児童の保護措置の現状

(単位:人)

	2010	2011	2012	2013	2014	2015	2016	2017	2018	2019
合計	8,590	7,483	6,926	6,020	4,994	4,503	4,583	4,125	3,918	4,047
児童養護施設	4,842	3,752	3,748	3,257	2,900	2,682	2,887	2,421	2,449	2,739
里親委託(養子縁組前の委託を含む)	2,124	2,350	2,289	2,265	1,688	1,582	1,447	1,417	1,294	1,199
養子縁組	1,393	1,253	772	478	393	239	243	285	174	104
少年少女家長*	231	128	117	20	13	0	6	2	1	5

*保護者がおらず、自ら生計を立てている未成年者のこと。

e-나라지표(www.index.go.kr)

〈表3〉養子縁組の成立件数

(単位:人)

	2010	2011	2012	2013	2014	2015	2016	2017	2018	2019	2020
国内	1,462	1,548	1,125	686	637	683	546	465	378	387	260
国外	1,013	916	755	236	535	374	334	398	303	317	232
合計	2,475	2,464	1,880	922	1,172	1,057	880	863	681	704	492

e-나라지표(www.index.go.kr)

だ。

「養子縁組特例法」は、保護者のいない子どもや事情があって養育者から分離された要保護児童の養子縁組を促進するための法律だ。この法律に沿った養子縁組は、「養子縁組機関を通した要保護児童の養子縁組」（以下、要保護児童の養子縁組）と呼ばれる。縁組成立後、実父母と子どもの親子関係は消滅し、養親が唯一の親となる。

一方、民法で規定された「一般養子縁組」は、子連れ再婚家庭や親族間、または知り合い同士での養子縁組をいう。養子に出された子と実親の親子関係は維持されるが、「親養子縁組」の申し立てが家庭裁判所に認められると、実父母との親子関係は消滅し、養親だけが親としての権利と義務を持つ。

養子縁組の解消や養親による虐待は、養子縁組全体に占める割合の大きい一般養子縁組家庭で発生することのほうが多い。それにもかかわらず、養親による児童虐待事件が報道されると、要保護児童を養子に迎えた家庭への理不尽なバッシングが増える傾向がある。

「要保護児童の養子縁組」の主な対象となるのは、未婚や婚外関係のカップルの間に生まれた子どもだ。親が育てられなくて児童養護施設に預けられた子や虐待・放任などの理由によって家庭から分離された子が多いけれど、実親が親権を放棄していない場合は、要保護児童と養子縁組をすることはできない。しかし、施設のボランティアクルーなどが里親というかたちで児童を引き取って育て、事実上の養親となるケースもある。

韓国には養子縁組を希望する家庭が少なく、養子縁組が可能な子どものすべてに養親が見つかるわけではない。そのため要保護児童の多くが施設で育ち、18歳という若い年齢で退所して自立を迫られることになる。[46] 実親との親子関係が続いている場合は施設退所後に親元に戻って暮らしたり、働いて親を扶養したりすることさえあるのだが、「自立準備青年」[47]の自立定着金を親が横取りするといったやりきれない事件も少なくない。18歳で自立しなくてはならない彼らにとって社会は過酷だ。自立準備青年が自ら命を絶つ事件が相次いだことによって近年問題が明るみになり、支援策や民間団体の後援が増えている。

46　2022年から24歳まで延長が可能になったものの、人材や施設の不足で現場の対応が追いついていないという。

47　法的保護期間が終了した要保護児童。保護終了時に政府から1千～2千万ウォンの自立定着金が支援され、月50万ウォンの自立手当が5年間支給される。

問題を抱える実親との関係

経済水準の高い国家では、養子縁組対象児童の数よりも、養子縁組希望家庭の数のほうが多いと聞く。一時保護が必要な児童も、施設ではなく、里親家庭に引き取られるケースが一般的だ。ところが韓国は親族以外の里親希望者が少なく、要保護児童の多くが施設で暮らしている。

２０２１年の保健福祉部国政監査によると、親権者のいる施設委託児童の10人中３人が親と3年以上、連絡が取れていないという。子どもと連絡を取り合っている場合もほとんどが電話のみで、施設に面会に来た親はわずか13・7％だ。

虐待を受けて施設に保護された子どもを親が連れ戻しにくることも多い。「昌寧児童虐待事件[48]」で裸足のまま逃げ出した女児は、過去に2年間保護されていた里親家庭に戻りたいと訴えた。女児は日常的に拷問レベルの虐待を受けており、命がけでベランダから脱出することによってようやく親と離れることができた。

「育てられない」と一度預けた娘を数年後に親が引き取りにきたとき、親との面談や家庭訪問を続けて女児の様子を見守っていたら、こうした事件は防げたのではないだろうか。

ここまで極端な例ではないにしても、自立準備青年や児童保護専門機関の関係者のインタビューによると、実親の元に戻ってから虐待状況が悪化したというケースはかなり多い。

深刻な虐待や放任のあった家庭の場合は特に、子どもを親元に返す際の審査を強化すべきだと思う。現実は残酷だ。虐待死した子ども263人の人生を追跡した『児童虐待に関する遅すぎる記録』(『ハンギョレ新聞』探査企画チームの記者5名による共著。シデエチャン刊、2016年)には、わが子を殺した罪で服役した親が出所後、別の子どもを引き続き育てているというケースが紹介されている。とんでもない話だけれど、殺害した子の他にも子どもがいることが減刑理由になるという。こうした親を持つ子どもたちは、きょうだいの死を目撃したトラウマの治療をきちんと受けることさえできていない。

ある母親は、息子を殺した夫の服役中に不倫相手の子どもを妊娠し、合計6人の子を産んだ。そのうち1人は出産した病院に置き去りにしてきたため、児童養護施設に保護された。彼女は残った4人の子どものうち1人を、死んだ子と同じように虐待した。この子も産まれてすぐ児童養護施設に預けられ、再び連れ戻されたという経緯がある。取材をした

48　2020年、慶尚南道昌寧市で実母と継父によってアパート4階にある自宅のベランダに監禁されていた9歳女児が屋根伝いに脱出し、通行人に保護された事件。

記者がこの子を何とか母親から引き離すことに成功したものの、残された3人の将来も心配だ。これほど深刻な問題のある家庭でも、明らかな虐待の証拠がなければ第三者が介入するのは難しい。たとえ証拠があったとしても、他の子どもたちまで親から引き離すことはできない。

著者のひとりは、児童虐待事件の多くが実親による虐待であるにもかかわらず、養子縁組家庭や再婚家庭で発生した虐待事件ばかりが大きく取り上げられることについて、「血縁を重視する韓国社会の偏見のせいでもあり、実親の虐待は周囲の人が黙認するのに対し、養子縁組家庭や再婚家庭で発生した虐待事件は積極的に問題視してイシュー化する人が存在するからだ」と分析している。

親権を制約するというのはデリケートな問題なので、解決に向けて積極的に関わろうとする人は少ない。そのせいで子どもは養子縁組によって新しい家族を得るチャンスを逃し、児童養護施設やファミリーホーム、里親家庭などをたらいまわしにされて多感な成長期を不安定に過ごす。施設の職員や里親が献身的に子どもの面倒をみることはできても、こうした制度が「一時保護が必要な子どもを養育する」という前提で運営されている以上は限界がある。

親が何年もわが子を預けっぱなしで、特別な事情もないのに面会に来ることもなく、まともに連絡すら取れないなら、親権を制限すべきだと思う。子どもが成人になるまで、長期的な観点で未来を設計することができるような支援が必要だ。

子どもの遺伝的バックグラウンド

生みの父母の職業や経歴、妊娠の経緯を理由に、子どもを偏見の目で見る人がいる。でも、わたしのかぎられた科学知識で言わせてもらえば、遺伝的な要素がどんなかたちで現れるかは環境にかかっている。

泥棒の子は泥棒になる？　そうとはかぎらない。すばしっこさとよく回る頭脳を持って生まれた子は、育った環境によって泥棒になることもあれば、スポーツ選手になることもある。子どもが親から受け継ぐものは身体能力や知能であって、泥棒の価値観ではない。衝動的で大胆な性格の子どもは、遺伝と環境の相互作用によって犯罪者にもなりうるし、アーティストや事業家にもなりうる。生みの親が不遇だからといって、それが子どもにも受け継がれると考えるのは非科学的すぎる。

養子縁組機関では、妊娠中の飲酒や喫煙、薬の服用などの有無を赤ちゃんの生みの母親に確認する。「焼酎を◯杯飲んで、タバコを◯本吸った」という正直な回答が、養子縁組を妨げる要因になることもある。

養子縁組に関する本を読んでいると、薬物依存症の女性から生まれた子どもや胎児性アルコール症候群の赤ちゃんに関する海外の資料がとても多く、ここまで体系的な研究が行われるほど症例が多いのだろうかと驚いた。韓国女性の薬物依存症患者数が少ないのは幸いなことだ。でも、ひと晩に焼酎を数本空ける10代の少女は韓国でもめずらしくない。

わたしの娘たちの実母は、妊娠中に少しお酒を飲んで、タバコを数本吸ったらしい。飲酒も喫煙もしていないと嘘をつくこともできたのに、正直に答えたのだ。ひょっとしたら、もっとたくさん飲酒や喫煙をしていたことを隠したという可能性もある。しかしどちらにしても、娘たちは養子に迎えたときから今までずっと健康そのものだ。

養子縁組機関では、養子候補者の健康診断を徹底している。すでにお話ししたように、韓国は養子縁組を希望する家庭が少なく、「健康異常児童（新生児の時点で永久的な障がいかどうかを判断するのは難しいため、こう呼ばれる）」を養子に迎える家庭はもっと少ない。国内での養子縁組が推進されているとはいえ、未熟児や障がいを持つ赤ちゃんはなかなか養親が見つからず、その多くは海外に養子に出される。２０１９年のデータによると、健康異常児童の養子縁組が国内では全体の13・2％に過ぎないのに対し、国際養子縁組では全体の約35・3％を占める。また、国内養子縁組の性別は女児が67・7％、年齢別では生後3カ月〜1歳未満が69・8％でもっとも多い。国際養子縁組は男児の割合（73・5％）が高く、年齢別では1〜3歳未満が全体の95・6％を占める。

国際養子縁組は手続きにかかる時間が長く、2年ほどは国内の養子縁組機関で面倒をみて治療を行っているというのが実情だ。赤ちゃんを速やかに養子縁組につなげるために、養子縁組機関は健康診断と障がいの確認に力を入れざるを得ない。

いちばんいいのは健康異常児童と養子縁組する家庭が増えることではあるけれど、簡単な問題ではない。子育てに専念できないという理由で年長児の養子縁組すらあきらめたわたしには不可能な選択だったし、実のところ、障がいを持つ子どもは海外で暮らしたほうが幸せになれるかもしれないとも思った。海外の富豪が韓国の障がい児を養子に迎えて自費で治療を続け、能力を活かせる仕事に就けるようサポートしたという事例は少なくない。外国で社会経済的に恵まれ、専門職に就いて活躍する国際養子の人を目にすると、韓国で育っていたら、はたしてこんな人生を歩めただろうかと思ってしまう。障がい者が潜在能力を思いきり発揮できるように、韓国も変わらなくてはならない。けれど、経済先進国となった今でも養子縁組が少ない状況では、障がい児の養子縁組活性化は当分難しそうだ。

「国際養子縁組を禁止すべきだ」という世論が高まっているとはいえ[49]、国内での養子縁組が減少している状況で国際養子縁組まで禁じたら、年間百人以上の赤ちゃんが家庭を手に入れる機会を失うことになってしまう[50]。

海外に渡った韓国の子どもたち

「兄弟福祉院事件[51]」にみられるように、韓国は1980年代まで路上で浮浪児を捕まえて施設に閉じ込め、保護者の所在も確認せずに海外へ養子に出していた。

政府が米軍相手の売春を〝外貨稼ぎ〟と奨励し、日本人観光客を対象とした〝キーセン観光〟を支援していた時代のことだ。大勢の子どもを海外に送って外貨を稼ぎ、社会保障費を削減する狙いだったのだろう。米軍は韓国に駐屯したアメリカ人兵士と韓国人女性の間に生まれた子どもの責任を取る代わりに、率先して海外に養子縁組した。韓国政府は、養子に出された子どもたちがその後どんな暮らしをしているのかを確認することさえなかった。

一般的な児童養護施設や養子縁組機関が兄弟福祉院のように組織的な犯罪を行っていたわけではない。ただ、当時は政府が国際養子縁組を奨励していたため、実績を上げようとして担当者が書類を偽造するとか、いいかげんに手続きを済ませてしまうようなことはあっただろう。

韓国政府はこうした過酷な歴史に責任を持ち、国際養子縁組の人権保護に全力を尽くさなければならない。海外で養子となり、国籍の問題を抱えている人やまた韓国に戻って暮らしたいと考えている人には、特にきめ細かな対策が必要だ。

1983年、朝鮮戦争で生き別れになった家族を捜す番組「離散家族をさがします」が生放送で大々的に放送され、多くの離散家族が再会した[52]。大人がこんなふうに一生懸命

49 韓国では1950年代から約16万人の子どもが欧米諸国に養子に出されてきた。現地の国籍を取得できずに無国籍状態になった養子は約2万6千人に及び、差別や虐待などの問題も報告されている。この過去を「孤児輸出国」と非難し、国際養子縁組を全面禁止すべきだという声が上がっている。

50 2022年、要保護児童の養子縁組成立件数は324件。うち、国際養子縁組は142件で、全体の43・8%という高い割合を占めている。

51 1975〜1987年の軍事政権下で釜山のホームレス福祉施設が孤児や障がい者、迷子や健康な成人までをも拉致して強制収容し、過酷な労働や暴行によって600人以上を死に至らしめた。

捜しても家族が見つかるとはかぎらないのに、当時の孤児や迷子が親を捜すのはもっと難しかったことだろう。親が子どもを施設に預けたとしても、連絡が取れなくなることが多かったはずだ。どうせ引き取りにくることはないだろうとか、海外に養子に出したほうが貧しい親に育てられるよりましだと考えて、適当に書類を作成した施設の担当者もいただろう。

当時は政府だけではなく、国民の人権意識も低かった。国際養子が今の韓国を訪れたら、こんなに豊かで行政システムの整った国がなぜ多くの子どもを海外に送ったのか、どうして生みの親を捜すのが難しいのかとショックを受けるにちがいない。でも、１９８０年代までの韓国は、今とは大きく違っていた。

「自分のルーツを知りたい」「生みの親に会いたい」という国際養子に対して、韓国の関連機関は積極的に協力すべきだ。でも、古い記録を見つけるのは簡単ではなく、記録そのものが不完全なことが多いという。生みの親が再会を望んでいない場合はなおさら難しい。

先日、ある国際養子が生みの母親について調べるために、実子確認訴訟を起こして実父と再会した。ところが、実父は裁判の場でも遺伝子検査による証拠と親子関係を否定し、何の情報も明かさなかった。

このように、生みの親の多くは数十年前に養子に出した子どもより、今の暮らしを重視する。養子への情報開示を義務づける法律が強化されない以上、政府や民間機関は実親からの苦情を恐れて、こうした複雑な問題に深く介入しようとはしないだろう[53]。

そこで、関連機関が情報公開に同意するかを実親に確認する際は現在の郵送方式ではなく、電話で連絡を取り、確実に回答をもらえるように法制化しようという動きがある。

国際養子縁組の是非は簡単に語れない

国際養子縁組はあっせん手数料が高額[54]なことから、昔の誤った国際養子縁組の慣行は

52　KBSで138日間にわたって放送された番組で、映画『国際市場で逢いましょう』にも登場する。韓国と北朝鮮の南北離散家族ではなく、韓国国内および、韓国と海外の離散家族が再会を果たした。朝鮮戦争後、韓国では多くの戦争孤児が路上をさまよっていたが、収容施設が不足していたことなどから国際養子縁組が活発になった経緯がある。

53　現在の法律では、養子はあっせん団体か児童権利保障院に情報開示請求をすることができる。生みの親の同意が得られた場合のみ個人情報が開示され、再会支援が行われる。しかし実親と連絡がつかないことも多く、2018～2022年に関連機関が開示可否の回答を得た割合は平均27%にとどまり、そのうち24.8%の実親は情報開示を拒否している。実親が情報開示の要請を拒否したときは、養子縁組された当時の居住地域名などの情報が提供される。

「孤児輸出」という過激な表現で非難されている。しかし、外国で養子となって幸せに暮らしている人もいるのはたしかだ。当時の韓国の人権状況は後進的で、手続きにも問題が多かったとはいえ、養子縁組がよりよい未来をもたらすことを心から願って、献身的に子どもたちの面倒をみた養親や里親、養子縁組機関従事者もいたのではないだろうか。

45・3%という驚異的な視聴率を記録した韓国ドラマ「棚ぼたのあなた」(2012年)の男性主人公パン・グィナムは幼い頃アメリカに養子に出されて外科医となり、韓国の総合病院で働いている。女性主人公のチャ・ユニは、「有能で身寄りのない男性」という理想の条件にぴったりのグィナムと結婚。ところが、グィナムの生みの親が見つかり、大家族の嫁になるという衝撃的な展開が彼女を待ち受けていた。義実家との付き合いが嫌で結婚を避けていた女性が、夫の家族とぶつかり合いながらも絆を深めていくという、ほのぼのしたホームドラマだ。放送当時、グィナムは「国民の夫」と呼ばれて人気を集めた。こんなふうに、国際養子は洗練されたマナーを持つ人生逆転のアイコンとして大衆文化に登場するようにもなった。

裕福な外国人からの寄付金や養子縁組あっせん手数料で福祉事業をまかなっていた過去

の歴史を「孤児輸出」とバッシングすることばかりに熱心になるのではなく、韓国が他国を助けられるほどの急速な経済発展を遂げた現状を祝福し、福祉事業拡大のきっかけにするほうが前向きではないだろうか。「金儲けのために子どもを外国に売った」という批判の声も多いけれど、社会福祉法人の収益は誰かが着服しないかぎり、ほとんどは人件費や社会事業費に使われるはずだ。専門人材の通訳費や人件費などを除いても、国際養子縁組に行くまでの約2年間、赤ちゃんを育てるだけで少なくとも数千万ウォン以上かかる。会計監査をさらに徹底して、[55]正しい資金運用が行われていたかどうかを点検し、横領などの不適切な行為があったなら処罰されるべきだ。あっせん手数料や寄付金が社会事業のために正しく使われていたとしたら、責めるべきは、福祉に財政を投入する余力と意志に欠けていた当時の韓国の状況だと思う。

どんな決定をするときも、子どもたちの幸せを最優先しなくてはならない。これまでの

54　1070〜80年代、国際養子縁組の手数料は1人当たりの国民所得より高く、国内養子縁組の約10倍だった。2022年は1件当たり約2千万ウォン。

55　国際養子縁組のあっせん団体が会計監査資料の国会提出を拒否していることが問題となっている。

国際養子縁組に問題が多かったという理由で国際養子縁組を全面禁止したら、養子候補の子どもの大半は施設で育つことになるだろう。外国に養子に出されるよりは、国内の施設で育つほうがいいのだろうか。国際養子縁組の悲劇も成功も、数え切れないほどの事例がある。

2021年2月、KBSの「ドキュメンタリー3日」に要保護の乳幼児を育てる福祉施設「乳児院」が登場した。当時は、養父母による幼児虐待殺人事件、通称ジョンインちゃん事件（65ページ）の影響で世間の養親に対するイメージが悪化し、養子縁組を断念する人が増えていたことから、乳児院の職員は養子縁組の活性化になればと番組への出演を買って出たという。乳幼児のケアにとても献身的に取り組んでいる彼らでさえ、子どもは施設ではなく、養子として環境のいい家庭で育てられるべきだと話していた。専門家によれば、一時的に施設で保護されることに問題はないけれど、とても幼い年齢だったり、長期間預けられたりした場合は発達に問題が生じることがあるという。

どんな子どもも、自分を絶対的に愛してくれる人を求めている。家庭で複数の子どもを育てるときでさえ、親の愛情を独り占めしようとする子どもたちの欲求をコントロールするのは難しい。施設で育つ子どもは職員を独り占めにはできないから、「自分だけを見てくれる人がいる」という安心感が満たされにくい。

さまざまな養子縁組家庭や未婚の母、養子を取材したインタビュー集『世の中のすべてのソリンちゃんへ』（キム・ジョン著、オマイブック刊、２０１６年）には、生まれてすぐに施設に預けられた年長児と養子縁組した家庭の話が出てくる。親も子どもも、適応までにとても苦労していた。

赤ちゃんの頃から施設で育つ子どもを減らすには、養子縁組家庭と里親家庭をもっと増やさなくてはならない。

国が果たすべき役割

「未婚の母に対する世間の偏見さえなくなれば、母親が子どもを手放すことはなくなる」と主張する人もいるけれど、〈表1　要保護児童の発生原因〉（１６７ページ）からもわかるように、未婚の母であることが理由で子育てをあきらめたケースは全体の9分の1に過ぎない。

厳密に言えば、この数は婚外出産の割合だ。つまり、未婚カップルの子どもだけではなく、不倫関係などによって生まれた子どもも含まれている。不倫相手の子どもを養子に出すというのは、現実的な利害を考えて下した決定かもしれない。
正確な割合を知ることはできないけれど、遺棄児童の中にも未婚カップルや不倫関係の子どもが相当数いるとみられる。現実は複雑で、子育てをあきらめる理由はさまざまだ。

政府が児童虐待への対策を徹底すれば、危険な親から保護される子どもは今よりずっと増えるだろう。青少年が家出をする主な原因は、家庭内暴力と放任だ。問題のある家庭にもっと早く介入できるなら、多くの青少年が危険な選択をする前に彼らを救い出すことができる。

今は保護者のいない児童のごく一部しか養子縁組の対象にならず、そのうち半数近くが海外の養親に引き取られている。なぜ、保護を必要とする子どものすべてが養子縁組対象にならないのか？　どうして里親家庭さえ見つからず、施設で生活している子どもが多いのか？　こうした現実を考慮せずに国際養子縁組を全面禁止しようとしたり、国内養子縁組の審査強化に力を入れたりするだけでは、養子縁組は減っていくばかりだと思う。すべての要保護児童と、表面に現れにくい問題を抱えた家庭の子どもにまで目を配り、もっと幅広い政策を用意する必要がある。
要保護児童の管理や養子縁組の手続きにおいて、国家の役割が重要になってきている。

韓国の養子縁組事業はこれまで民間機関によって主導されてきたけれど、２０２５年からは新しい養子縁組制度が導入され、国内養子縁組・国際養子縁組・里親発掘などがすべて国家レベルの業務として行われるようになる予定だ。

校内暴力の発生は校長の責任ではないけれど、それにどう対処するかは校長の責任だ。同じように、政府には自国の子どもを保護する責任がある。中央政府と全国の自治体、警察、社会福祉法人、児童保護専門機関が連携して、それぞれの役割を果たさなければならない。

複雑な児童保護の問題について過激な報道ばかりを行うマスコミや、児童虐待事件を商業的に利用する動画クリエイターの規制も必要だと思う。刺激的なコンテンツを作ろうと躍起になっている動画クリエイターにとって、児童虐待事件は格好のネタだ。児童虐待の現場と裁判所を訪れてリポートする動画を連日配信し、寄付を募って自分のふところに入れた人までいる。

それから韓国では、養親による児童虐待事件が起こると「全国の養子縁組家庭を一斉調査すべきだ」という極端な意見があちこちで上がる。そんな国で養子縁組を活性化させるのは難しい。養子候補の子どもより養親希望者のほうが多いアメリカのような国だったら、きっとわたしのような平凡な非婚女性にまで順番が回ってくることはなかっただろう。

養子の適応とあっせん機関の責任

すでにお話ししたとおり、生後10カ月でわが家にやってきた次女は新しい環境になかなかなじめなかった。人見知りが始まる年齢になってから養子縁組された赤ちゃんは、新しい家庭への適応にとても苦労する。だから、養親の審査は厳格に行いつつも、生後3～4カ月までに養子縁組が確定するようになるといいとわたしは思う。

2016年、1歳9カ月の女児が里親家庭で虐待死する事件が起こった（ウンビちゃん事件）。生みの母親は10代のシングルマザーで、いちばん手のかかる新生児から1歳半までの時期は自分で娘を育てている。しかし、アルバイトと高卒認定試験の勉強をしながら子育てをするのがしだいに難しくなり、やむなくわが子を養子に出すことになった。ウンビちゃんは養子縁組を前提として引き取られた里親家庭で虐待されてあっせん団体に戻され、次に預けられた里親家庭でも凄惨な虐待を受けて死亡した。

ウンビちゃんの養子縁組をあっせんした社会福祉法人では、ひとり親家庭支援施設の運営も行われている。1歳半まで実母に育てられた子どもを養子に出そうとしたこと自体、そもそも適切な対応だったとは言えないし、最初の里親が養子縁組をキャンセルした時点で、また新たな里親に預けるのではなく、自団体のひとり親家庭支援施設で母娘をサポートすればよかったはずだ。そこまで傷ついた子どもを新しい家庭で育てるのは簡単なことではない。

わたしの養子縁組を仲介してくれた機関の社会福祉士は、年長児を引き取って育てるのがどれだけ難しいことなのかを説明したうえで、乳児を引き取ったほうがいいと助言してくれた。子育て経験のない独身の会社員に対して、至極まっとうなアドバイスだった。2人の娘たちの養子縁組を担当したその社会福祉士は今、同じ機関のシングルマザー支援施設で働いている。社会の変化にともなって、養子縁組事業を基盤として設立された社会福祉機関でも、近年は養子縁組事業を縮小し、シングルマザー支援や児童保護、老人や障がい者保護を中心とした福祉事業が展開されるようになっている。

養子縁組機関の専門性と責任感の高さは、団体や担当者によっても異なる。専門家と呼ぶにふさわしい人材がいない団体もある。前述の社会福祉法人に子どもの発達状態や心理状態を熟知した専門家がいたら、虐待の悲劇は防げたのではないだろうか?

ウンビちゃんは養子に出してはいけないケースだったのだろう。実母との愛着がすっかり形成された時期に突然引き離されて新しい家庭に預けられるというのは、子どもにとっても養親にとってもかなり大変なことだ。まずは実母が子育てを続けられるように最大限のサポートをして、それでも自分で育てられそうになければ、児童心理の専門家が子どもの状態を見極めたうえで、養子に出すか施設で保護するかを決めるべきだったと思う。

最近は、民間機関だけでなく、自治体でも養子縁組相談が行われている。その背景には、民間団体が営利目的で養子縁組事業を行っていることが問題だと指摘する声がある。でも、前述のような事件が発生したのは、はたして社会福祉法人がお金儲けをしようとしたせいなのだろうか？　そのように決めつけることはできないだろう。ウンビちゃんのいた養子縁組機関は国際養子縁組事業を行っておらず、国内の養子縁組だけを行っていた。国内養子縁組やひとり親家庭の支援は、国家の支援と寄付金だけでまかなわれている。ウンビちゃん事件は、組織のサイロ化、あるいは担当者の判断ミスや個人的な成果へのこだわりなどが問題だったのではないだろうか？　こういった問題はたとえ政府機関であっても起こりうる。重要なのは、子どもの幸せが最優先されることだ。

要保護児童の中には、敏感な時期に生みの親と引き離されたり、愛着の形成が必要な時期に養育者がいなかったりしたことで、情緒的な困難を経験する子どもがとても多い。一般的な家庭では、主養育者が一日24時間、一年３６５日にわたって子育てをする。日中は会社勤めをしていても、子どもと毎日同じ家で生活して眠り、週末は長い時間を一緒に過ごす。でも、施設の職員が毎日24時間勤務をすることはできないから、複数交代で面倒をみることになる。大変な仕事に耐えきれず、辞めてしまう職員も多いという。こうした状況で育つ赤ちゃんは、愛着を形成する相手が誰なのかわかりづらい。要保護児童の心をケアするには、養子縁組の予定があるかどうかにかかわらず、児童心理の専門家が持続的に行動観察を行う必要があると思う。

養親による児童虐待事件が発生すると、子どもを引き渡す前にどうしてもっと厳格な審査をしなかったのかと関連機関を批判する声が上がる。けれど、虐待事件を起こした人の多くは「自分がそんなことをするとは思わなかった」と口にする。本人にも予測できないことを第三者が面談や書類だけで見抜くのは難しく、その予測の根拠と妥当性を検証するのも難しい。児童保護専門機関の社会福祉士もストレスによる離職率が高いという。関連機関や担当者をやり玉にあげても、児童福祉制度の根本的な改善にはならない。

周囲ができるのは、赤ちゃんと養育者が深刻なストレスを受ける状況を予防して、問題がありそうなときは早めに介入することだ。そのためには要保護児童が新しい家庭にすっかりなじむまで、専門性の高い責任者が経過観察を続けなくてはならない。

育てにくい子どもだから虐待が起こるのか？

子どもが〝気難しい〟性格の場合、生みの親であっても子育てに強いストレスを感じることがある。小説と映画版が話題を呼んだ『少年は残酷な弓を射る』（原作はライオネル・シュライヴァー著）は、反抗的な息子を育てる母親の苦しみを生々しく描き出す。一言でいえば、すべての母親の潜在的な恐怖を描いた作品だ。

子どもがソシオパスや殺人犯になるのは、育児ストレスからわが子を虐待した母親のせいだろうか？　それとも、子どもの生まれつきの性格が母親を苦しめるのだろうか？

養子候補の赤ちゃんが育てにくい性格だった場合、実親や里親は養子縁組先が見つからなくなることを心配して、そのことを隠す可能性が高い。こうした子どもたちは施設や保育園、学校でも先生や他の子を困らせることがある。

昔は、育児がつらくて「子どもを愛せない」と感じたとしても、表立って口にする親は少なかった。そんなことを思うのは母性愛が足りないせいだとか、親としてまちがっていると考えられてきたからだ。でも最近は、ＳＮＳで育児のつらさをオープンに語る人が増えている。個人のためにも社会のためにも、母性愛信仰に縛られるのではなく、問題に真正面から向き合ったほうがいい。

子育てがつらくてたまらないと感じた母親が、気軽にカウンセリングを受けられるような環境が必要だ。ひとりで抱え込まずに助けを求められる空気を作り、周りの人もSOSを自然なこととして受け入れることが大切だと思う。極度のストレスから子どもを虐待してしまう前に、一日数時間だけでも子育てサポートサービスやシッターに頼って、親が少しでも自分のための時間を持てるように支える社会システムを整えなくてはならない。

虐待に走ってしまう親のほとんどは「普通の人」だ。少なくとも、表向きは普通に見える人たちだ。サイコパスでもないのに、なぜそんな恐ろしいことをしてしまうのか？　普通の人が感情コントロールに失敗したとき、抵抗できない弱者にどこまで残酷になるのか、虐待の現場では人間の最悪の本性があらわになる。

犯罪学の専門家が執筆した『なぜ彼らは私たちを破壊するのか』（イ・チャンム、パク・ミラン著、medicimedia刊、２０１６年）によると、犯罪は「動機」と「機会」があるときに発生するという。親のストレスを減らすことは、児童虐待の「動機」を減らす解決策になる。そして、警察や自治体、児童保護専門機関による専門的なサポートが虐待の「機会」を減らす。殺人などの残忍な犯罪ほど、家族や親族、恋人の間で発生することが多いという。だからこそ悲劇を防ぐには、虐待の加害者を被害者から引き離すことが重要だ。

2016年のウンビちゃん事件と、2020年のジョンインちゃん事件には共通点が多い。どちらの事件も、医師などから「子どもが虐待を受けているようだ」という通報が警察に寄せられていて、はっきりとした証拠もあった。

ところが養親は、ご近所さんの間で評判がよく、「絶対にそんなことをするような人じゃない」と思われていた。そのせいで子どもたちは生きる機会を失った。科学的な証拠があるにもかかわらず、「敬虔なキリスト教徒である〝いい人〟が残酷な虐待事件を起こすはずがない」という思い込みが物事を正しく見る目をくもらせ、2人の子どもを死に追いやった。メディアが虐待死をセンセーショナルに報じるせいで、虐待こそ平凡な誰もが起こし得る犯罪であるという事実が忘れられがちだ。

アメリカドラマ「CSI：科学捜査班」「ロー&オーダー」、SBSのドキュメンタリー番組「それが知りたい」をほぼ全話視聴するほど犯罪捜査に関心が高いわたしは、今までニュースになった多くの児童虐待事件の詳細を把握している。加害者の配偶者やパートナーは、子どもが虐待されていても見て見ぬふりをしたり、暴行に加わったりすることが多い。おそらく、子どもよりパートナーを優先しているからだろう。虐待を制止したり、通報したりすることはほとんどない。こうして、唯一子どもを守れるはずだった立場の人が虐待を黙認してしまう。配偶者がわが子を死なせたにもかかわらず、減刑してほしいという嘆願書を提出することすらある。

子どもがいちばんだった人でも、恋人ができると生活が恋愛優先になることはめずらしくない。お金と時間、労力を注ぐべき子育ての優先順位が下がると、子どもは生きることさえ難しくなる。子育てが苦痛でたまらないとか、子どもを虐待するパートナーとどうしても別れられない親は、その事実を素直に受け止めて、社会に助けを求めたほうがいい。

子どもの犠牲をなくすには、親が助けを求めやすい社会を作ること。そして、養育を放棄する人を非難するのではなく、まずは子どもたちを保護することに集中しなくてはならない。子どもの世話を面倒だと思う親、子どもを愛せない親、子どもより配偶者や恋人のほうがずっと大切だという親もこの世には存在する。その事実を前提として認めればこそ、児童虐待を減らすことができる。

子どもを虐待する配偶者をかばったとしても、その親は怪物ではない。虐待を認めた瞬間、家庭が崩壊し、社会的にも経済的にも大きなダメージを負うのが怖くて、正しい行動を取れずにいるのかもしれない。そんな状況でも子どもを守る選択をするには、何よりも子どもを最優先に考えなくてはならない。

同名の自伝的小説を映画化したアンジェリカ・ヒューストン監督の『冷たい一瞬を抱いて』（1996年）は、児童虐待の典型のような内容だ。主人公の少女は母を愛しているがゆえに、継父に虐待されていることを必死で隠している。やがて母親は夫の虐待に気づき、娘が性的虐待まで受けていることを知ったにもかかわらず、離婚することができない。結局、母親は娘を親戚の家に置いて、夫と一緒に去っていく。観客はそこで安堵のため息をつく。母親が娘を手放さなかったら、少女はいずれ継父の手によって殺されていただろう。状況によっては、親が子どもから離れたほうがいいこともある。

「里親制度」が広まってほしい

実親が子どもを養子に出すと決めた時期が遅かったときなど、さまざまな事情で年長児になってから施設に預けられる子どもがいる。わたしよりずっと経済的にも時間的にも余裕のある人が年長児を養子に迎えてくれることを切に願うばかりだ。

ずっと施設で育ち、一度も家庭生活を経験したことのない子どもが大人になったら、きっと戸惑うことも多いだろう。成人したら自立すべきという考え方が一般的ではあるものの、周りを見ていると、20〜30代になっても親の精神的なサポートはやっぱり必要だなと感じる。

何よりも急がれるのは、「里親制度の活性化」だ。養子縁組は、実親、子ども、養親のすべてにとって人生の大きな選択だ。まずは公共機関の専門家によるケアのもとで里親委託を進めて、それぞれの子どもに合ったベストなかたちを探していくのがいちばんだと思う。里親制度が広く普及している国家では、「子どもは施設で暮らすよりも家庭で育つことが望ましい」という原則が浸透している。

里親家庭があたりまえに受け入れられる社会になれば、養子縁組に対する意識も今よりずっと高まっていくはずだ。

保健福祉部の「要保護児童の里親委託状況」（2020年末基準）によると、韓国の里親家庭は8001世帯。そのうち、祖父母による代理養育家庭は5155世帯、祖父母以外の親戚里親家庭は2069世帯、血縁関係のない一般里親家庭は777家庭で、9割が親族里親だ。血縁関係のない子どもを育てる家庭が多い欧米諸国とは大きく異なる。

わたしの娘たちを預かっていた里親は、養子縁組機関に所属していた。養子縁組機関は昔から、養子候補の面倒をみる里親家庭の募集と運営管理を行っている。新生児から満2

歳ぐらいまでの児童を預かるので、たいていは育児経験が豊富な人が選ばれる。数十年にわたって子どもたちを献身的に世話した里親は、国から表彰されることもある。

里親によって大切に育てられた子どもは、新しい養子縁組家庭にも溶け込みやすい。はじめて出会った養育者としっかり愛着を形成できれば、それが安定した人間関係を築いていく原動力になるからだ。

たとえば虐待親から保護した0～3歳の赤ちゃんに適切な里親家庭が見つからなかったとしたら、親の元に返すべきだろうか。それとも、施設で育てたほうがいいのだろうか。決めるのはとても難しい問題だ。小学生や中高生になって下校するとき、数人だけが施設に帰るとなると、肩身の狭い思いをすることもあるかもしれない。健全で幸せな家庭や、子育ての専門知識や経験が多い家庭への里親委託が韓国内でも増えていくことを祈っている。

第6章

子育てしやすい世の中にするには
——お金、仕事、社会の安全

子育てにお金はいくらかかる?
――教育費の不安と、政府の金銭的支援

韓国では私教育[56]の費用に負担を感じて、子どもを持つことをためらう人が多い。一時期、私教育業界で働いていたわたしの経験からいうと、使ったお金に比例して子どもの成績が上がるとはかぎらない。莫大なお金をつぎ込めばそれなりに効果はあるとはいえ、それは中流層にとっても簡単ではなく、上位中流層ぐらいの家庭でなければ不可能だ。

でも私教育をうまく活用すれば、そこまでお金を使わなくても高い効果を上げることができる。だから娘たちを養子に迎えるとき、教育費のことはあまり心配していなかった。大学受験の勉強に本格的に取り組む1~2年間はかなりお金がかかるだろうし、大学の学費は大きな出費になるけれど、それ以外の時期に大金を費やす必要はないと思っている。もちろん、これは娘が芸術大学や体育大学に進学したり、欧米の大学に留学したりしないという前提での話だ。奨学金をもらって留学する子どもたちもいるけれど、そんな幸運を最初からあてにするわけにはいかない。

もともとは、わたしが自分で娘に勉強を教えるつもりだった。でも、ワーキングマザーが子どもにつきっきりで勉強をみることはできないと気づくまでに長い時間はかからなかった。自由時間のすべてをつぎ込めば可能かもしれないけれど、そこまではできない。韓国で学習塾の費用がいちばん多くかかる教科は、数学と英語だ。小学生の算数はそれほど難しくないけれど、3年生ぐらいになると差が出てくる。わからないところがそのままにならないように、娘たちの答案用紙をチェックして、参考書の問題を解かせるようにしている。

英語は母親が毎日数時間、本を読んで映像を見せながら指導できる状況でないかぎり、教育費を使わないわけにはいかない。そもそも日本や韓国は、英語などの外国語を使わずに一生、母国語だけで暮らせる国だ。こんな国で暮らしながら英語力を伸ばすのは本当に難しい。ふだんの生活で使う機会がなくて、勉強のモチベーションが上がりにくいからだ。

56 塾や習いごとなどの教育活動。

韓国の英語教育のリアル

ソウル大学教育学部英語教育科のイ・ビョンミン教授が執筆した『あなたの英語はなぜ失敗するのか?』(ウリハッキョ刊、2014年)は、韓国の英語教育の現実をリアルに分析した本だ。韓国で英語を身につけるのはなぜ難しいのか、どうして英語力を上げるには私教育に頼るしかないのかを論理的に解説し、バイリンガルへの幻想を打ち砕く。

英語をモノにするには、小学校から高校までの学校の授業だけでは足りない。大学入試や就職活動で要求される英語力は、学校の授業で身につけられるレベルよりずっと高い。だからといって他の科目を軽視して、学校で一日中英語ばかりを教えるわけにもいかない。そのため子どもは英語教材で勉強をしたり、英語塾に通ったりすることになる。不得意なままでは挫折感を抱いてしまうし、他の教科がいくら得意でも、英語の成績不振を補うのは難しい。まずは現実的な目標と学習計画を立てることが大切だ。

これは韓国の教育の大きな問題とつながっている。そもそも達成できない目標が設定されているせいで、生徒の多くが学校で劣等感や挫折感を抱く。わたしは昔から、もし自分に子どもができたら学校には通わせないようにしたいとまで考えていた。知識や教養をしっかり教えずに劣等感ばかり植えつける学校に通うのは時間の無駄遣いだと思っていたのだ。でも、最近の学校はわたしが通っていた頃よりずっとよくなった。特に、小学校は施設や設備が改善され、カリキュラムや生徒のサポート体制も充実している。

一般の学校に通わせる以外に、オルタナティブスクール[57]に通わせるという選択もあるけれど、簡単なことではない。情報を調べてみたら、学校による違いがかなり大きくて、問題のある学校も多いらしい。それに、わが家の周りにはオルタナティブスクールがほとんどない。近所に1校だけあるものの、定員が少なくて入学が難しい。もし入れたとしても、卒業後に一般の中学に進むことになったら、娘が適応に苦労するかもしれないという心配もあった。

オルタナティブスクールは国の認可を得ていないので学費が高く、保護者もさまざまな活動に参加しなくてはならない。ほとんどは郊外に位置しているから、両親のどちらかが子どもと一緒に学校の近くに引っ越すこともある。高校生対象であれば寮があるものの、やはり学費が高く、評判のいい学校は入学が難しい。子どもをオルタナティブスクールに通わせるには、経済的・時間的な余裕や親の教育熱の高さが必要だ。

57 子どもの個性を尊重して、カリキュラムや運営制度を決める私立学校。

英語教育に話を戻すと、前述のイ・ビョンミン教授は、2つの言語を同時に使いこなすのは極めて難しいとしている。経済学者のチャン・ハジュン教授[58]は韓国語ネイティブではあるものの、著書は英語で執筆し、韓国語への翻訳はプロに任せている。

シンガポールなど、英語を公用語にしている国のケースも印象的だ。わたしは昔、国民が3〜4カ国語を操って豊かに暮らすオランダと同じように、輸出入に頼っている韓国も全国民が英語や日本語、中国語などを身につけて、国家の競争力を高めればいいのではないかと考えていたことがある。でも、文化や歴史、現実的な背景もなく、国民の大多数が複数言語を習得するのは不可能だ。イ・ビョンミン教授は、植民地の経験や多民族国家を統合する必要があって英語を使っているシンガポールのような国でも、エリート階層以外は英語の使用に慣れておらず、標準英語とは異なる独自の英語が浸透していったと述べている。

そのためイ・ビョンミン教授は、一生ほぼ英語を使うことがない人まで莫大な教育費をかけて勉強をするのではなく、英語力の高い人材を少数精鋭で養成すべきだと述べる。同時に学校教育では現実に合わせて、韓国人がもっとも得意でもっとも必要な〝リーディング〟を中心に教え、学年ごとの学習到達目標に合った教材を提供するのがベストだと主張している。

とはいえ、わが子のこととなると話は違ってくる。それが韓国の英語教育の正しい方向性だったとしても、世間の親たちが望んでいるのはわが子が平均レベルの韓国人になることではなく、最大限の成功をつかむことだからだ。

わたしは娘たちを英語ペラペラにしたいとは思っていないけれど、英語に慣れさせるために必要最小限の費用で指導をしている。大学や就職で英語力が必要になったら、そのとき集中的に勉強して堪能なレベルに達することができるように、基礎作りをしてあげたい。日本語と中国語の基礎を学ばせているのも同じ理由からだ。言葉になじみがあれば外国のポップカルチャーへの関心が高まるし、将来、外国語が必要な職業に就くことになったときも勉強に取り組みやすい。

最初にハングルを教えなかったわけ

読み書きができる人は、あらゆる情報の取得を文字に頼る傾向がある。たとえば、英語

58 ソウル大学経済学科を卒業後、イギリスのケンブリッジ大学で博士学位を取得し、1990年に韓国人としてはじめてケンブリッジ大学の教授に抜擢された。

のリスニングがある程度できたとしても、外国映画に字幕がついていたら、映像より字幕に注意が向く。

わたしの母によると、曾祖母は記憶力抜群だったそうだ。読み書きができない代わりに、町内の人の誕生日をはじめとしたさまざまなことがすべて頭に入っていたらしい。文字を知らなければ、そのぶん視覚や聴覚、嗅覚が研ぎ澄まされる。

そこでわたしは、娘たちが乳幼児の頃はハングル[59]を教えなかった。文字を読めるようになる前に、五感を発達させたかったからだ。長女は3〜4歳からＩＰＴＶで英語と中国語のアニメを楽しみ、ロシアのアニメまで見ていた。言語能力よりも視覚や聴覚が敏感な時期だから、知らない言葉が出てきても気にしていないみたいだった。ひょっとしたら、その頃に外国語を集中的に教えればよかったのかもしれないけれど、わたしにはそのための時間もやる気も足りなかった。たまに英語の本を読んであげたり、英語の歌を教えたり、第3章でお話ししたように5歳から文化センターで英語ミュージカルを受講させたりするだけで精一杯だった。

6歳ぐらいになると、韓国語とハングルに慣れてきて、外国語を使うことを面倒くさがるようになる。自然に言語を身につけるのが難しくなってきたら、文字から学習したほうがずっと効果的だ。

子どもに英語のテキストを読ませると、意味を持つ単語には興味を示すけれど、定冠詞と不定冠詞、3人称単数、名詞の複数形といった文法はなかなか身につかない。文字で英語を学んだわたしのような大人と、文字に慣れていない子どもの違いだ。文字ではなく、話し言葉から英語を完璧に身につけるには、膨大な量のコンテンツに触れる必要がある。ネイティブと同じような環境に身を置くことが難しいなら、一定の年齢以上からは文字で学ぶほうが効率がいい。

未就学児の教育はほどほどに

長女は、4歳頃から保育園でハングルや算数を習った。わたしの妹も読み書きを教えてくれたので、娘はすぐにハングルを身につけた。英語も保育園の特別活動で習い、アルファベットもすぐに覚えた。国公立の保育園では子どもに無理やり勉強をさせることはないから、教えるほうも学ぶほうも気が楽だ。娘たちは社会科や理科に関する知識も教わった。保育園でこんなにいろいろなことを教えてくれるのに、わざわざ塾に通わせる必要がある

59 韓国語の表記に使われる表音文字。

だろうか。週末の英語ミュージカルと美術・体育以外の習いごとはさせていなかったから、ストレスを感じることなく保育園の授業に集中できたのかもしれない。

ただし、英語だけは保育園で教わったことをすぐにマスターするのは難しい。週末に時間を見つけて、保育園でもらってきた英語の教材を一緒に復習した。内容はほぼ同じだから、他の英語レッスンを受けさせる必要はない。保育園の授業内容を復習して完璧に覚えるだけでも、同年代よりずっと高い英語力を身につけられると思う。

保育園では美術教育も行われる。古紙やペットボトルで工作をしたり、いろいろな絵を描いたりする。年中さんと年長さんは園児の数が多いので、大勢の子どもたちが一緒に何かに取り組むには美術活動がうってつけだ。そのおかげか、娘たちはわたしの幼い頃とは比べものにならないほど美術的な表現力に優れている。心に残る体験をしたら絵に描いたり、家にあるものを使ってひとりで工作をしたりすることもある。

次女の場合は、放っておいたら6歳になってもハングルの読み書きができなかった。小学校に入学するまでには覚えさせなくてはと思い、教材を買ってきて教えた。小学校では、まだみんながハングルを知らないという前提で授業が行われる。でも進度が速いので、学校の授業だけでハングルを覚えるのは難しい。授業についていくためには、家で毎日復習をさせなくてはならない。働く母親にとっては毎日子どもの勉強をみるよりも、小学校に入る前に教えておいたほうがラクだ。

小学校の教師はたくさんのジレンマを抱えている。生徒の大半がハングルの読み書きを身につけてから入学してくるのに、数人はまだ習っていないとしたら悩むはずだ。ハングルの習得レベルも生徒によって千差万別だろう。英語はもっと困るにちがいない。帰国子女、英語幼稚園[60]を卒園した子、まだアルファベットも知らない子をどうやって一緒に教えたらいいのだろうか？

つまり、正解はない。学習熱の高いエリアではないから子どもが気後れすることはないだろうと思っていても、ハングルもアルファベットも知らずに小学校に入学したら、学校生活に苦労するかもしれない。何より、子どもが劣等感を抱く恐れがある。状況に合わせて柔軟に対応することが大切だ。

60　通称は英語幼稚園だが、実際は幼児対象の英語塾。ネイティブ講師が在籍し、授業はすべて英語で行われる。

語学目的だけじゃない「英語ミュージカル」

しょっちゅう海外旅行をする富裕層や、海外の親戚の家によく遊びに行く家庭でないかぎり、韓国の子どもが生きた英語に触れる機会は多くない。そこでイングリッシュ・ヴィレッジ[61]が流行し、英語幼稚園が人気を集めている。

子どもをバイリンガルにするために、赤ちゃんの頃から家で英語の映像や音声を流しまくる親もいる。でも、語学学習にはインタラクション（やりとり）が欠かせない。英語コンテンツに触れるだけで自然に語学力をつけるのは不可能だ。授業料が高いことで知られる英語幼稚園[62]に通わせて、ネイティブスピーカーの家庭教師をつけ、たびたび海外旅行をする財力があるならともかく、一般家庭では難しい。詰め込み式教育だけでバイリンガルにしようとしたら、子どもはとんでもない苦労をすることになるかもしれない。

そして、何よりも重要なのは母語を正しく身につけることだ。バイリンガルやマルチリンガルになる以前に、ひとつの言語で自分の考えを完璧に表現してコミュニケーションできる能力こそが、あらゆる場面で適切な行動を取る社会文化能力の源になる。以前、鍾路[63]の有名塾で、ＴＯＥＦＬ講座開講の無料説明会に参加したことがある。中学時代にアメリカで英語を学んだという20代の講師は、韓国語が下手で、英語も明らかにネイティブスピーカーレベルではなかった。バイリンガルではなく、どちらの言語も完璧には使いこなせていないという印象を受けた。

乳幼児の英語学習は、歌やゲームが教材になることが多い。楽しく続けられるものなら、子どももやる気を出す。お金も時間もないわたしは、文化センターの英語ミュージカルを選んだ。ただし、この方法が合うかどうかは子どもの性格による。レッスンに参加した子どもがやりたくないと駄々をこねるところを何度も見た。外国語だから気が重いのか、歌と演技が嫌なのか、どれもやりたくないのかは子どもによって違う。幸いなことに、うちの娘たちは目立ちたがり屋だ。

舞台に立つ俳優が自信を失ってはいけないから、わたしは娘がミスをしないようにいつもレッスン前に練習をさせた。言語は思考を表現する手段なので、うまく話せなければプライドが傷ついてしまう。大人が外国語の習得に苦労するのはそのせいだ。「まちがえた

61 学生が夏休み期間などを利用して、英語だけで生活するための国内留学施設。
62 月額授業料は2019年基準で平均90万7千ウォン。
63 ソウル特別市鍾路区。語学学校が多いエリア。

らどうしよう」という怖さに縛られないところが、幼少期に外国語を学ぶ最大のメリットだと思う。

ミュージカルにはセリフと歌があるから、子どもたちは実生活では使うことのない英語を一生懸命に覚える。具体的なシチュエーションの中で語学を身につけることになるのだ。ミュージカルは英語以外の教育効果も大きい。3カ月間、毎週お稽古をがんばって人前で披露するという経験を積み重ねていくのは、努力とやりがいを結びつける効果的な学習法だ。

教育熱がそこまで高い地域ではないということもあって、長女は最初から大きな役をもらった。『ライオン・キング』では主人公シンバの父ムファサ、『シンデレラ』ではシンデレラ、『美女と野獣』の野獣、『白雪姫』の継母、『ラプンツェル』のラプンツェル、『アナと雪の女王』のエルサなどを演じた。

マルコム・グラッドウェルは『逆転！　強敵や逆境に勝てる秘密』（97ページ）の中で、二流大学の優秀な学生が一流大学のそこそこの学生より優れた学業成績を収めた事例を紹介している。人は自分が優秀だと感じると、より一生懸命になれるものだ。英語が得意な子に囲まれて劣等感を抱くのではなく、同じぐらいのレベルの子どもたちの間でやりがいを感じるという経験は、外国語をはじめて学ぶときの大きなモチベーションになる。

わたしは娘に自分が演じる役だけでなく、すべての役のセリフと歌の歌詞を暗記させた。先生もそのことを知っていて、発表会のときにやむを得ない事情で他のキャストが急に舞台に上がれなくなったときは、うちの娘に代役を任せていた。勉強でも仕事でも、全体像が見えている人と自分に任された役割しか知らない人の間には、時が経つにつれて大きな差が生まれる。

わたしが教育のために使った費用

教育には関心が高いほうだけれど、幼児期の知育に使ったお金は毎月5万ウォンの英語ミュージカルレッスン料がすべてだ。小学校に入学してからは、参考書やネイティブ講師によるオンライン英語レッスン料として、低学年の次女は1カ月に約10万ウォン、高学年の長女は約20万ウォン。それよりも、科学実験教室や生命科学教室、工作体験、コーディング講座、料理レッスンなどの体験プログラムや、芸術・体育教育にかかった費用のほうが大きい。

最近はウクレレやカリンバなどの楽器を学校で教わることができるし、水泳もカリキュラムに入っている。わたしがしばらく海外で暮らしていたとき、ヨーロッパの人々は泳げない韓国人を見て、「学校で習わなかったの？」と不思議がっていた。プールの少ない韓国ではなかなか難しいけれど、水泳の授業時間をもっと増やして、子どもたちが学校で水泳をある程度マスターできるようになればいいと思う。今のままでは、学校の授業に備えてスイミングスクールに通わせなければならないかもしれない。

でも、水泳をはじめ、ピアノやテコンドー、舞踊を長く習うときは費用がかさむ。小学校の近くのピアノ教室やテコンドー道場はたいてい週5日のレッスンが基本で、週3日しか受けなくても受講料はたいして変わらない。運営上の便宜のためなのだろうけれど、費用の負担も大きいし、レッスンの回数が多すぎて、他の習いごとをする時間が取れない。親が帰宅するまでの間、子どもを習いごとに通わせている共働き家庭の需要とも関係があるようだ。美術教室やピアノ教室、テコンドー道場などを回ってレッスンを受け、夕方に教室のスクールバスで帰宅する子が多い。

私教育費の支出が多くないので、子育ての費用の中でいちばん大きいのは、食費とレジャー費（趣味や外出、ピクニック、旅行）だ。ひとり暮らしをしていた頃に比べて、食費は約4倍に上がった。食材をすべて市場で買って、ごはんとおやつを手作りすれば、少しは食費を減らせるかもしれないけれど、ワーキングマザーのわたしにはお金より時間が惜しいときがある。

週末は娘たちと出かけて、ときどきはテーマパークやキッズカフェにも行く。旅行にも連れていきたいから、レジャー費はどうしても削れない。

養子縁組家庭への支援を責める前に

子育てにかかるお金に関して、政府からの金銭的支援についても触れておきたい。養子縁組家庭への公的な支援金には、「養子縁組機関に支払うあっせん手数料の補助」「養子への医療費助成」「月20万ウォンの養育手当」がある。長女と養子縁組した当時、養育手当の対象は満13歳までだったけれど、現在は満18歳まで拡大された。障がいを持つ児童には、さらなる養育補助金と医療費が支援される。心理カウンセリングが必要な児童の治療費も月20万ウォンまで支給されるという。

次女を養子に迎えた２０１３年には養子縁組のお祝い金制度が導入され、１００万ウォンが支払われた。２０２２年からは２００万ウォンに上がったという。

養子縁組のあっせん手数料は、政府から養子縁組機関に支払われるので、支援という実感はあまりない。医療費助成は18歳までで、46ページでもお話ししたように、大きな病気にかかったり、大きな事故に遭ったりしないかぎり、それほどの恩恵はない。そこで肝心なのは毎月の養育手当になるけれど、月20万ウォンというのはそこまで大きな金額ではない。でも、満8歳未満の児童がいるすべての家庭に支給される月10万ウォンの児童手当と同じように、あるに越したことはないお金だ。ちなみに、児童手当制度が新設された2018年は対象年齢が満6歳までだったから、ちょうど6歳になる直前だった次女は数カ月しかもらえなかった。

一時的に子どもを保護する里親家庭には原則として、子育てに必要な実費が支援されることになっている。とはいえ、里子を家族同然に育てていたら、計上できない経費も多く発生するはずだ。それにもかかわらず、里親家庭のエッセイ『天使に会って愛を学びました』（ノル刊、2021年）の著者ペ・ウニは、お金目当てで他人の子を育てているのではないかと偏見の目を向けられることが多かったという。

「養子縁組家庭や里親家庭、児童養護施設への支援を厚くするのではなく、政府がその予算を使って子育ての経済的支援を強化すれば、親がわが子を手放すことはなくなるはずだ」という意見がある。「低所得のひとり親家庭をもっと支援すべき」「政府のせいで、ひとり親が子どもを手放すことになっている」と批判する記事や投稿をネットで見かけることも多い。でも、これは167ページの〈表1　要保護児童の発生原因〉からもわかるとおり、実際のデータに基づいた観点とはいえない。

助けを求める場所のない妊婦は、「未婚母施設」と呼ばれる生活共同施設に無料で入所することができる。食事も提供され、生活保護の申請や職業訓練といった自立のための生活支援を受けて、退所時には数百万ウォンの自立支援金も支給される。

また、「ひとり親家庭福祉施設」の入所可能期間は、2021年にそれまでの最大5年から最大8年に拡大された。所得が基準以下なら生活保護の受給を受けることができるし、次上位階層[64]へのさまざまな支援もある。危機家庭[65]への緊急福祉生計支援金も設けられている。

このほかにもひとり親を対象とした公共賃貸住宅への優先的な入居、学童保育や文化センターのスポーツ・文化講座の無料受講といった支援が整っており、公共施設の利用料の割引や免除も受けられる。

こうした福祉制度は最近生まれたわけではなく、ずいぶん前に作られて、少しずつ補完

64　生活保護の受給対象ではないが、生活に困窮している階層。

65　突然の退去勧告や災害などの理由で住居費の支援が必要な家庭や、経済的困難によって生計維持が難しい家庭。

されてきた。所得が低くても生活保護費を受給しながら自分で子どもを育てている世帯も多く、養育放棄が必ずしも政府支援の不備のせいとはいいきれない。

第4章で説明したように、「2018年ひとり親家庭実態調査」によると、ひとり親家庭の46%が政府の支援を受けているという。ただし、両親のそろった生活保護受給世帯や次上位階層の暮らし向きが、低所得ひとり親家庭よりいいともいいきれない。つまり、困窮した親の支援は、未成年者を育てる生活保護受給世帯・次上位階層、低所得ひとり親家庭のすべてにかかわる問題だ。これほど多くの世帯の経済的支援を大幅に強化することは現実的に難しいだけでなく、子どもを手放す親を減らすための政策とは次元の違う取り組みが求められる。

福祉が行き届かず、困窮しているのに生活保護を受給できていないひとり親もいるだろう。これは福祉全般の課題だ。障がい者団体などが粘り強く是正を求めてきたことによって、扶養義務者[66]の基準が緩和され、福祉の死角地帯に置かれていた人々への支援も徐々に拡大している。

経済的なサポートだけでは防げない

経済的に厳しい家庭が多いなか、ほとんどの親は自分で子育てをするけれど、どうして一部の親は子どもを手放してしまうのだろう？　未婚母施設の入所者も、出産後に子どもを自分で育てる人と養子に出す人に分かれる。たとえ似たような状況に置かれていても、それぞれの事情によって選択はさまざまだ。それにもかかわらず、現実に目を向けようとしない人々は、子どもを手放すのは社会が親を追い詰めているせいだと決めつけてしまう。子を手放す親の問題は、ひとり親家庭や低所得家庭の問題とは分けて考えなくてはならない。表向きの理由は「経済的な困窮」だったとしても、その裏に隠れている事情はそれぞれ違うからだ。

最近、ある児童虐待死亡事件が起こった。犯人の男は交際相手の女性たちを利用して金銭を搾取し、妊娠すると未婚母施設で出産させて、生活困窮を理由に子どもを養子に出していた。この問題の本質は貧困ではなく、異常な人間関係だ。被害女性のひとりは男の服役中に未婚母施設で出産し、実家で子育てをしていた。ところが出所してきた男に連れ戻

66 経済的な自立が困難な親族に対して、経済的な援助をする義務を持つ人。実際は支援が必要な状況であっても、扶養義務者から援助が受けられるとみなされた場合は、生活保護を受けることができない。

され、子どもは彼に虐待されて死亡した。

子どもを手放す親の問題は、氷山の一角に過ぎない。虐待や放任から逃れられずにいる子どもも多いけれど、福祉水準が上がった今も、韓国の社会はこうした問題に対応しきれていない。

『ヒルビリー・エレジー』（100ページ）には、アメリカの福祉制度が白人労働者階級の暮らしを改善できない理由がつづられている。著者は、母校の先生が言った「さまよう子どもたちの大部分がオオカミのような親に育てられているという現実を指摘する人がいないことが問題」という言葉を挙げている。経済的な支援で生活を支えることはできても、崩壊した家庭と絶望までを解決することはできない。

シングルマザーを見守る目線

長い目で見れば、人生において子育てだけに専念する期間は短い。ハリー・ポッターシリーズの著者J・K・ローリングは離婚後の極貧状態のなか、生活保護を受けて幼い娘を育てながら、第1巻『ハリー・ポッターと賢者の石』を書き上げたという。シングルマザーで経済的に厳しくても、彼女のように支援を受けながら自立を目指していけば、きっと誇らしい気持ちで振り返れる日がやってくるはずだ。

ひとり親家庭に対しては経済的支援だけでなく、情緒的支援や社会的支援も欠かせない。公的支援ではプライベートに踏み込んでまで問題を解決するのは難しいかもしれないが、経済的に厳しい層において女性が男性から経済的に搾取されるというのはよくあることだ。わたしの母もずっとそんなふうに生きてきた。搾取する父親さえいなかったら、わが家はもっと豊かに暮らせていたことだろう。

シングルマザーにとって最大のリスクは、悪い男が寄ってきやすいということではないだろうか。これはシングルマザーにかぎったことではない。女性すべてにとっての最大のリスクは選ぶ男性をまちがえることだ。経済力のある社会的地位が高い職業の女性であっても、ダメ男につかまってしまうと不幸から抜け出すのが難しくなる。とはいえ社会的に孤立した女性が悪い男につかまって被害を受ける危険性は、経済的、心理的、社会的に安定した女性とは比べものにならないほど高い。

日本の社会派サスペンスドラマ[67]を韓国でリメイクした「マザー〜無償の愛〜」（2018

67　坂元裕二脚本「Mother」、2010年。

年）には、シングルマザーばかりを狙って家に転がり込む、典型的な児童虐待犯が登場する。社会的に孤立したシングルマザーは悪い男につけこまれやすく、搾取の対象になりやすい。

最近では10〜20代の若者が巧妙な犯罪に手を染めるケースも増えている。他人を利用して搾取し、簡単にお金を稼ぐ方法がネット上にあふれているからだ。ちゃんとした仕事に就いたこともないうちから、人を搾取するテクニックを身につけてしまう。前述の児童虐待事件でも、犯人の男は交際相手の女性を利用して、詐欺の片棒を担がせていた。男は児童養護施設で育った女性や知的障がいを持つ女性など、社会的に脆弱な状況に置かれた人を狙って、搾取の対象にしていた。

映画『ザ・エージェント』でトム・クルーズ扮する主人公のジェリー・マグワイアは、シングルマザーのドロシー（レネー・ゼルウィガー）と交際を始める。女手ひとつで育てられたアメリカン・フットボール選手のロッドは、彼に「シングルマザーは聖なる存在だ」と告げる。

シングルマザーは憐れむべき存在ではない。母親は誰しも神聖な存在だ。自分の強さを信じて、世の中の試練に立ち向かっていく。子どもたちもまた、タフな生命力を持つ存在だ。赤ちゃんたちは生きるためにありったけの知恵を振り絞り、どんどん成長していく。はじめのうちは弱々しく見えたとしても、深い絆で結ばれた母と子は日に日に強くなる。内面に隠されたパワーを、生きるエネルギーに変えていく力を持っている。

＊　＊　＊　＊　＊

ただでさえ数が少ない養子縁組家庭と里親家庭をやり玉に挙げて、低所得層への子育て支援拡大を要求しても、子どもたちを守ることにはならない。

養子縁組家庭と里親家庭にネガティブな視線が向けられるのは、血縁を重視する社会が生んだ偏見のせいだろう。この偏見が子どもたちを脅かしている。

子育てが大変な理由のひとつは、仕事と家庭の両立が難しいことだ。この問題は家庭だけではなく、人口減少時代における国家の競争力にも直結している。男性も女性もすべての人が子育てをしながら、あるいは家族の看病や介護をしながら、経済活動を支障なく行える社会を作ること。それが養育の困難や老後の貧困、高齢化社会の介護問題、国家財政の悪化を解決する唯一の方法だ。

会社勤めと子育ての両立
——女性も男性も、働きながら子育てをするには？

保育園の利用時間は、朝7時半から午後7時半までだ。夜間保育の許可を受けた園はもっと遅くまで子どもを預かることができ、工業団地エリアには24時間保育園もあるという。共働き夫婦が多いソウル江北[68]の住宅街で子育てをした経験から言うと、この基準どおりに運営されているのは国公立の保育園だけだった。私立保育園のホームページにも国公立保育園と同じ時間が記載されているけれど、入園相談では朝8時か8時半から午後6時頃までだと言われた。

働きたいわたしの子どもの預け先

うちの娘たちは運よく公立の区立保育園に入れたものの、朝7時半に預けて午後7時半にお迎えに行くと、すっかり退屈しきった姿を目にすることになった。集団生活をする場所で毎日12時間も過ごすのは大人でも大変だ。知り合いの共働き夫婦は朝9時から午後5時ぐらいまで保育園を利用して、登園前の1~2時間と降園後の数時間だけシッターさんをお願いしていた。このかたちなら延長保育料はかからないけれど、それ以外の費用がかさむ。

週末に仕事や用事が入ったとき、わたしは政府のキッズシッターサービスを利用した。母に子守りを頼めなくなってからは、午後の3~4時間、毎日このサービスを利用していた。民間企業とは違ってあっせん手数料がないので比較的安く、所得水準に応じた補助もある。政府がキッズシッターを雇用して、保育サービスを提供している国はめずらしいのではないかと思う。

数年前、政府のキッズシッターによる虐待が問題になったことがある。こんなとき、保育園や学校の場合も同じだけれど、児童虐待や暴力事件が発生した組織を責めても解決にはならない。かえって問題を隠蔽しようとする傾向が強まったり、不祥事を起こさないことだけに注力して、子どもとの積極的な関わりを避けたりするようになってしまう。映画『マイノリティ・リポート』みたいに近未来の犯罪を予測することはできないのだから、

68 漢江を挟んで北側のエリア。

児童虐待のすべてを未然に防ぐのは不可能だ。事件の報道を見てヒステリックに騒ぎ立てるのではなく、どうすれば防げたのかを分析し、児童虐待を早期発見して再発を防止するシステムを作っていくことが大切だ。

わたしたちが暮らす地域では、小学3年生まで学校の放課後子ども教室、4年生から中学生までは青少年センターの放課後アカデミーを利用することができる。「ひとり親家庭の子どもはこういう施設を利用するしかなくてかわいそう」という投稿をネットで見かけたことがあるけれど、もともとは共働き家庭を対象としたサービスだし、わたしの経験から言えば利用しないほうが損だ。充実した教育プログラムが無料で受けられて、指導してくれる先生の数も多い。友達が塾に通っている間、長女は放課後アカデミーで多彩な文化活動や体験学習をする。コロナ禍でも対面とオンラインのプログラムが実施されたので、娘たちは退屈とは無縁だった。放課後アカデミーでは英語と数学、中国語まで教えてくれる。この他にも地域児童センターなど、公共の児童支援施設にはさまざまなものがある。

韓国で子どもを育てるのが大変なのは、政府の支援が足りないからというより、企業が変わらないせいだ。政府が子どもに良質の無料プログラムを提供してくれても、親の労働環境が変わらないかぎり、根本的な問題は解決されない。

育休を叩く代わりにすべきこと

育児休業によって部署に欠員が出たとき、会社が業務量を調整してくれることはあまりない。そのために他の社員の負担が増えると、部署内に不満が生じることになりがちだ。

育休明けに職場復帰した社員が会社と同僚の目に見えない圧迫に負けて、すぐ退職してしまうことも多い。ブランクができたことで重要な仕事を任せてもらえなくなり、転職の準備を始める人もいる。その結果、育休のイメージがますます悪くなるという悪循環が生じる。

韓国の雇用労働部は、育休取得者の代替スタッフを確保するための採用支援サービスを提供している。ベテラン社員の業務を短期スタッフに補ってもらうのは簡単なことではないけれど、最近はどの業種でも即戦力になるフリーランスが増えているから、会社全体で体制を整えればいい。会社がこうした制度をきちんと活用せず人員補充をしないでいると、他の社員が穴埋めをすることになってしまう。

世の中には、社員の育児休業どころか、年間15日の有給休暇すら考慮せずに事業計画を立てる会社が多い。会社を効率よく回していくには、社員の基本休暇日数はもちろん、病気休暇の平均日数や離職率、休職率などをふまえて計画を立てなくてはならない。

育休を取得しやすい雰囲気を作るには、「組織の年齢構成の偏りをなくすこと」も大切だ。どんな企業も、それなりに社会経験がありつつ給与はあまり高くない30代を重宝する傾向がある。だからといって20代を採用せず、40~50代はリストラしていたら、妊娠・出産する人がいちばん多い30代社員の比率が高くなりすぎてしまう。実際に、ある会社の30代女性中心の部署で、社員の3分の1が同時に育休に入ったケースを目にしたことがある。

中小企業では育休よりも、社員の離職で労働生産性が下がることによる損失のほうがはるかに大きいだろう。大企業の平均勤続年数が10年3カ月なのに対し、中小企業は4年4カ月~7年7カ月で、ベテラン社員の確保が難しく、とくに主力社員の退職によって打撃を受けることが多いという。育休を取る人がいるかどうかにかかわらず、離職率を下げることができれば、生産性を大きく高めることができるはずだ。従業員500人以上の大企業の労働生産性を100とした場合、従業員10~49人の中小企業の労働生産性は23・7にとどまる（中小企業研究院、2016年基準）。

会社組織で働いたことのある人は、優秀な人材の離職による業務効率の低下が蔓延していることをよくご存じだと思う。どんな企業であれ、生産性を向上させるには、育休を取りにくいムードを作ったり残業を強いたりするのではなく、離職の防止や業務の効率アップに力を入れていくべきではないだろうか。

時短勤務制度は必ず使う

保育園から帰ってきた子どもの面倒をみてもらうシッターさんはすぐに見つかるけれど、登園前の早朝1~2時間だけ来てくれる人はなかなかいない。働く時間が短くてあまり稼げないし、早朝のバタバタした時間帯に顔を合わせるのはお互い気まずいものだ。朝7時から9時までシッターサービスを利用していた頃、母親でも起こすのが大変な小学生を起こして朝ごはんを食べさせ、学校に行かせてほしいとお願いするのは気が引けた。

だからこそ、育児中の勤務時間短縮制度はありがたい。朝の1~2時間、遅く出勤できるだけでも、実家や義実家に面倒をかけたり、早朝や住み込みのシッターさんを雇ったりする負担から解消される。

こうした親たちのニーズを踏まえて、政府は法改正を行った。以前の法律では合計で1年間しか取得できなかった育児休業と時短勤務が、2019年からはそれぞれ1年取得できるようになり、時短勤務のみを使用する場合は最長2年に延長されたのだ。[69]
家族の看病や介護のための家族ケア休業や時短勤務、休暇制度の新設や対象拡大も進んでいる。低出生・超高齢化社会では、子どもと高齢者、病人のケアが国の最優先課題だ。今は子育ての環境作りに注目が集まっているけれど、今後は高齢者と病人に対するケアの需要が爆発的に高まっていくと思う。

ベテラン社員の確保が難しい中小企業にとって、勤務時間短縮制度はとくにメリットが大きい。[70]勤務時間が1~3時間減るだけなので、業務への影響を最小限に抑えることができる。ところがこの制度を利用している人は少なく、あることすら知らない人も多い。家計を維持しなくてはならないから育休までは取りづらいという男性にとっても有用な制度なのに、あまり活用されていないのはなぜだろう?
育休と同じく、時短勤務を利用する人がいても、会社側が業務量を調整してくれないことが多いからではないだろうか。他の社員が残業をしてカバーすることになれば、子育て中の社員に非難の目が向けられてしまう。独身や子どものいない社員に「しわ寄せ」が及ぶ状況では、子育てをしながら会社勤めをするのはまだまだ難しいというのが実情だ。[71]

お父さんの育児参加

働く女性にとって子育てはハンディになりがちだけれど、働く男性にはむしろメリットになってきた。「家族を養う責任感から仕事にいっそう精を出すはずだ」と考えて、父親になった男性社員を昇進させる会社もあった。

でも、今は父親が会社の仕事だけに打ち込む時代ではない。妻と交代で保育園の送り迎えをする若いお父さんが増え、小学校の通学路の見守り活動に父親が参加することも多い。「母の会」という名称も「保護者会」に変わった。文化センターや小児科でも子連れのお父さんをよく見かける。

妻の妊娠中や出産後しばらくは、定時に退社するという男性も増えている。赤ちゃんを

69 現在の改正案では、育児休業を夫婦どちらも3カ月以上取得する際は最長1年6カ月に拡大され、育児休業を取得しない場合は勤務時間短縮制度を最長3年まで利用できるようになる予定。

70 短縮後の勤務時間は週15時間以上～35時間以下と規定されている。

71 こうした状況を改善するため、時短勤務中の社員の業務を分担する社員に追加の報酬を支給する場合、事業主に月最大20万ウォンの補助金を交付する政策が２０２４年７月からスタートした。

お風呂に入れたり、家の掃除やゴミ出しなどを担当したりしている男性も多いし、子どもが病気になったときや、銀行や役所に行く用事ができたときに半休を取る男性もいる。

家事や子育てに積極的に参加する男性の多くは管理職に就く前の若い一般社員なので、経営陣はこの現実にまだ気づいていないように思える。社員一人ひとりの出退勤時間や休暇の理由をすべて把握することはできないから、経営者の中にはいまだに女性が家事や子育てをして、男性は週末に子どもを遊びに連れ出すだけだと思っている人も少なくない。それどころか、男性社員には休日も家庭より仕事を優先してほしいと考えている人もいる。

会社が子育てを支援してくれなければ、社員の負担が大きくなる。家事と育児のために有給を使い果たしてしまい、本当の休息のために使えないこともある。

その一方で、7時間勤務制や金曜日は午前勤務のみという働き方を導入する会社や、幼い子どもがいる社員の出勤時間を1時間遅らせる会社も増えてきた。男性の育休取得率はまだ低いものの、年々増加しており、2022年の統計では育児休職者10人のうち3人が父親だった。人材獲得競争が加速する中、会社による仕事と家庭の両立サポートは今後ますます重要な課題になってくるだろう。

男性が育児や家事をする時間が増えたとはいえ、共働き家庭ではいまだに女性の負担が大きい。２０１９年の統計によると、共働き家庭と片働き家庭の男性の平均家事時間はそれぞれ54分と53分でほとんど差がない。家事の負担が女性にのしかかっている現況は、婚姻率や出生率の低下の大きな原因のひとつだ。女性は働きながらも育児と家事もひとりで担うことになるかもしれないという不安を抱える一方、男性側も妻が働き続けられなくなった場合にひとりで家族を養うことになるのではないかというプレッシャーから、結婚や子どもを持つことを避けるようになる。

わたしが話をしたことのある片働きの男性たちは、妻が子育てのために会社を辞めたことに納得していて、妻が専業主婦でも自分が家事と子育てに積極的に参加するのは当然だと考えているようだった。むしろこうした点については、まだ結婚していない男性のほうが不満を強く感じているようだ。「デート代や結婚資金は男性が出すもの」という風潮をはじめ、女性が子育てのために会社を辞めることや、昔とは違って家事・育児が女性だけの仕事ではなくなり、専業主婦でも夫と分担するようになったことなどへの反感が大きい。これは社会的に解決すべき問題なのに、男女間の分断が進んで、お互いを嫌悪して攻撃する方向に向かっているのはゆゆしきことだと思う。

子育て中の女性管理職が子どものいない社員より遅くまで残業をしているというのは、よくある光景だ。それなのに、「働く母親は子育てを理由に会社の仕事をおろそかにし、働く父親は仕事だけに邁進する」という世間の偏見はいまだになくならない。働く女性にとって、子どもがいることはいつも弱みになる。子育てによって会社を辞めた結果、キャリアが断絶されて低賃金労働者になったりする女性も多い。

多くの人が指摘しているように、女性よりも男性が育児休業を取得しやすい社会になることのほうが重要だ。[72] 女性だけが育児休業を取ったり、熱を出した子どものもとに駆けつけたりしていたら、女性を二流労働者とする価値観はいつまでも変わらない。女性が出世コースから外されるという状況では、ますます夫の経済力に頼ることになり、夫が仕事に専念できるように育児と家事を引き受けるしかないという悪循環に陥る。

男性も積極的に育児に参加して、会社や社会全体が家庭にやさしくなれば、女性が不本意な退職をすることはなくなる。そして、その女性の夫も、ひとりで家族を養うという重圧から解放される。韓国と経済水準が近い国々では、共働きが一般的だ。女性が働きにくい現状を正さずに他の部分をいくら改善しても、家庭の経済状況を向上させることは難しい。

働き手不足の日本では、女性の大型トラックドライバーを増やしたり、建設産業における女性の活躍を推進するキャンペーンを行ったりしている。韓国も早く変わらなければ、労働力不足と産業競争力の弱化、経済水準の衰退を避けられなくなるだろう。

子育てがわたしたちにもたらすもの

それまで会社で認められていた社員でも、子育て中に評価が下がることはめずらしくない。わたしは娘を育てながらも残業や休日出勤をすることが多かった。ところが、子どもをみてくれる人がいないという理由で年に2回の海外出張に行けなくなり、1泊2日の社内ワークショップも欠席したら、人事部から警告が入った。

きちんと成果は出していたのに、昇給率は社員の中でいちばん低かった。手柄は他の社員のものになり、組織の問題は私のせいになってしまった。年齢も高いし、まだ子どもも小さいから、どんな待遇であっても会社を辞めることはないと思われたらしい。子育てが

72 尹錫悦大統領は「現在6・8％の男性育児休業使用率を任期中に50％まで高める」と宣言。2024年から育児休業給付金をこれまでの月150万ウォンから最大250万ウォンに引き上げたほか、子どもが生後18カ月までに両親が共に育休を取る場合、最初の6カ月は最大3900万ウォンの育児休業給付金を夫婦に支給する「6＋6父母育児休業制」、子ども1人あたり毎年2週間ずつ使用できる「短期育児休業」制度などを実施している。

弱みとなるこの社会で、わたしは見くびられやすい弱者なのだ。

それでも、時間はわたしに味方してくれる。娘たちが成長して自立していくにつれて、親も自由になる。わたしたちは強い絆で結ばれた、無敵の美女三銃士になるだろう。

＊　＊　＊　＊　＊

子育てをする年齢層の高い女性たちが会社で軽視され、優良ライバル企業への転職に成功するケースをたびたび目にしてきた。長年、育児と仕事を両立させてきた女性は、経験値や専門性だけでなく自己管理能力も高いから、仕事を効率的に進めることができる。

家庭と会社の運営はよく似ている。子どもはすくすく育ち、親はどんどん自由になっていく。子育てをしながら会社でも成長し、制約の多い条件の中でいつもベストを追求して、効率性や実行力、あらゆるタスクの優先順位を見極めて処理する能力を身につける。働く親に子どもがもたらしてくれる贈り物はこれだけではない。

ハーバード大学で歴史と文学を学び、YouTube のＣＥＯを務めたスーザン・ウォシッキーは、２０１６年に行われた『中央日報』[73]のインタビューで、幼児から高校生までの5人の子どもが自分の秘密兵器だと明かした。YouTube の特性と主要ターゲットを考えると、確かにそのとおりだろうと思う。わたしも小学生の娘を通して、周りの若者より早く最新トレンドに接することが多い。小学校時代はいちばん流行に敏感な時期だからだ。中学生になると、自分ならではの〝好み〟が生まれる。

数十歳離れた世代との交流は、社会生活や仕事の世界において何より強力な競争力になる。21世紀は、変化へのすばやい対応が求められる時代だ。わが子や親族にかぎらず、世代を超えた相手とのコミュニケーションから得られるものは、働く人にとって大切な資産になる。

73 韓国の大手新聞社。

80カ国で26万人の職員が働くペプシコ社のCEOを12年間務めたインドラ・ヌーイは、2018年の退任後、誰もが仕事と家庭を両立できる世の中を作るために尽力すると宣言した。経営者として目覚ましい成果を上げながらも、ペプシコCEOより2人の娘のお母さんと呼ばれることを好んだヌーイは、ミレニアル世代の娘が自分のように家庭とキャリアの間でギリギリの綱渡りをせずに生きられるように、世の中を変えようとしている。ここに参加しない理由があるだろうか？

娘たちが安心して生きられるように
――リスクの多い世界で自分を守る方法

人口密度の高いソウルの中でも、わが家の周りはとくに人通りが多い。住民や勤め人が行き交うエリアだから、危険な事件が起こることはほとんどないけれど、娘たちには「もし誰かがついてきているような気がしたら、すぐコンビニに入ってお母さんに電話しなさい」と伝えている。

防犯カメラについては賛否両論あるものの、被害者になりやすい弱者にとっては、韓国の防犯カメラとドライブレコーダーの多さがとても心強い。知らない大人に声をかけられたり、頼みごとをされたりしても振り返らず、立ち止まらないこと。そして、人通りが少ない狭い路地は避けて、なるべく大通りを歩くようにと言い聞かせている。

〝女性だから〟で被害に遭わないために

わたしは外出先でトイレを利用するとき、地下鉄の駅か警備員のいる大きなビル、大型スーパーのトイレだけを使う。飲食店の店内にあるトイレは利用するけれど、複数の店舗が入ったテナントビルの共用トイレはできるかぎり避ける。娘たちと一緒に出かけると、やむなく管理が行き届いていないトイレを使わないといけないこともある。そんなときは、個室のドアをすべて開けて、中に誰もいないことを確認してから娘を入らせたあと、入り口の近くで見張りをする。こっそりカメラが仕掛けられていて盗撮される恐れもあるし、痴漢や露出狂に出くわす危険もあるから、トイレは特に注意が必要な場所だ。以前、カラオケで友達と遊んでいた女性がトイレで不審者に襲われそうになり、逃げる際に屋上から転落した事件もあった。

ソウル江南トイレ殺人事件[74]が起こったとき、韓国の女性が誰しも戦場のような世界で生きていることを改めて思い知らされた。男性による女性の殺人・暴行の件数を見るかぎり、女性にとっては毎日が戦争のようなものだ。もし過激派テロリストが国内に潜入して同じような事件を1件でも起こしたら全国が非常事態になるだろうに、女性が被害者となる犯

74　2016年、恋人や友人とカラオケに行った20代女性がテナントビルの共用トイレに隠れていた面識のない30代男性に刺殺された事件。

罪は昔からよくあることだったから、どれだけ多くの事件が起こっても見過ごされてきた。それでも状況を改善するための取り組みが少しずつ広がっている。

夜中に女性がひとりでタクシーに乗るとき、ひと昔前は同行者の男性がタクシーを拾って、ナンバーを控えてくれる習慣があった。最近はこんなふうに安全対策をしなくても、タクシーアプリを使って運転手の情報や現在位置を家族や友人に知らせることができる。乗車後に運転手を評価する機能もあるので、女性だからと邪険に扱われることも少なくなった。20代の頃は運転手が不親切なせいでタクシーに乗るのが嫌で、なるべくバスや地下鉄が走っている時間帯に帰宅するようにしていた。当時は、タクシーの運転手に横柄な態度を取ったり、乱暴を働いたりする乗客が多かったから、不親切な運転手に出くわしたときは「失礼なお客さんのせいでイヤな思いをしたから、わたしに八つ当たりしているんだろうな」と思っていた。

犯罪の被害に遭うのは弱者のせいではない。でも、弱肉強食の世の中で踏みにじられないためには、常に神経を尖らせておかなくてはならない。

女性は弱い立場にあり、男性の欲望を満たすために利用される性的搾取の対象になりやすい。小学校高学年から中学生、高校生の女子は特に狙われやすい。普通に暮らしているだけでも被害に遭うことがあるし、チャットアプリに加入すると援助交際目的の大人が群がってくる。デジタル性犯罪[75]は韓国で深刻な問題となっている。

親から離れるために家出ファム[76]に逃げ込んだ結果、売春を強要されることもある。幼児や小学校低学年ぐらいまではいつも保護者がついているから被害に遭うことは少ないけれど、そうでない子どもは事情が違う。家庭と学校の安全ネットから出た子どもにとって、この世はジャングルだ。

これまでの人生の中で、セクハラはもちろん、真っ昼間に通りすがりの男にいきなりカバンで殴られたり、地下鉄の中で人をかき分けながら歩いていた男にわたしだけが突き飛ばされたりといった「女性嫌悪犯罪」を何度も経験した。レイプ被害に遭いそうになったことも何度もあるけれど、なんとか危機を免れた。でも、それはただ単に運がよかっただけだ。わたしはずっと、世界的に安全な都市のひとつに挙げられるソウルで暮らしている。

75 n番部屋事件のようにオンラインやSNSで行われる性暴力行為。

76 ファムはファミリーの略。家出をした青少年がワンルームマンションなどに集まって暮らすコミュニティ。リーダー格の青少年がメンバーに窃盗や売春を命じる事件が相次ぎ、社会問題化している。

とても用心深い性格だし、真夜中や明け方に出歩くことはほとんどない。それにもかかわらずこんな被害に遭ったことを考えると、世の中が女性にとってどれだけ危険なのかがわかる。

思い返すと、10代の頃は痴漢に遭うことが多く、20代でも何度か被害に遭った。30代以降はそういうことは少なくなった。数十年前は公共の交通機関が今より混雑していたということもあるけれど、反撃しそうにない若い女性がターゲットにされやすいという理由が大きいと思う。加えて田舎では、ひとり暮らしの高齢女性が性犯罪の犠牲者になる事件がときどき発生する。子どもや高齢者に性被害を及ぼす人は性嗜好異常者というよりは、あえて弱い相手を狙っている可能性のほうが高いだろう。

道を歩きながらしつこく伝えていること

安全な街を作るには、歩行者がどんなときも危険にさらされないような都市設計が必要だ。ところが郊外や地方都市は車社会で、都会も住宅街に出入りする車やバイクが多くて安心できない。

わたしは娘たちに「車に気をつけなさい」と口が酸っぱくなるほど言い聞かせている。

「歩いているとき、左や右に路地が出てきたら自動車やバイクが来ていないかどうか必ず確認してね」「車は前だけじゃなくて、後ろに進むこともあるよ。じっとしていた車が急に動き出すこともあるから、離れておくようにね」「横断歩道を渡るときは、もしかしたら信号無視の車が来るかもしれないから、信号が青になっても、まず車が止まっているかちゃんと確認しなさい」「横断歩道や住宅街の路地でもバイクやキックボードに気をつけてね。道路を逆走してくることもあるよ」「道を歩くときや横断歩道を渡るときは、急に走り出したりしないようにね。車やバイクの前にいきなり飛び出すと危ないから気をつけて」「運転している人にはあなたが見えていないこともあるよ。歩き出す前はいつも左右をちゃんと見てね」。

わたしは後ろから娘たちについていき、教えたことをちゃんと守っているかどうかを確認する。お小言の効き目があったのか、娘たちは路地があると車が来ていないかどうか顔を向けて確認し、横断歩道を渡るときは車が停止するのを待ってから渡る。

安全な世の中を作るには、車を運転する健常な30～50代男性中心の目線だけではなく、子どもや高齢者、青少年、女性、障がい者を想定した街づくりをしなくてはならない。

「イヤだ」と言う練習をする

大声を出した経験がない人は、助けを求めるべき状況に置かれてもとっさに叫ぶことができない。取っ組み合いをしたことがなければ、抵抗すべきときにどうしていいかわからない。

昔は強姦罪を立証するとき、被害者の女性が死に物狂いで抵抗したかどうかが争点になることがあった。「原告の女性は脱がせにくいジーンズをはいていたから、性行為は合意の上で行われたものと思われる」というとんでもない判決が出ていた時代のことだ。いきなり危機的状況に置かれた人が必死で抵抗できないというのは、けっしてめずらしいことではないのだ。

最近は、保育園や学校で性犯罪から身を守るための教育が行われている。具体的な防犯対策を教えてくれたり、スマホにお知らせを送ってくれたりする。家庭でも、わたしは娘たちに起こりうる危険を想定した防犯シミュレーションをして対応を訓練している。痴漢やセクハラに対して「やめてください」「イヤです」と叫んだり、抱きつかれたときに足をバタバタ動かしてふりほどいたりする練習をさせる。娘たちがもう少し大きくなったら、護身術を習わせてもいいかもしれない。

抵抗するとかえって危ないこともあるから、よく状況を判断して、その場を切り抜けたらお母さんに話してほしいと伝えている。家族に被害が及ぶことを恐れたり、心配をかけたくないと考えたりして、悩みを話せない子どもや女性は多い。だから、娘たちには「家族を殺す」とか「家に火をつける」と脅されても、まずは相手から離れて、すぐに相談してほしいとあらかじめ話してある。


学校内でも男の先生と2人きりになる状況はなるべく避けて、もし2人きりになったときは、いざというときにすぐ逃げられるよう、ドアの近くに立つことも大事だ。すべての男性を犯罪者予備軍とみなすのはまちがっているという意見もあるけれど、被害者にならないためにはそうするしかない。雷に打たれて死ぬ確率が百万分の一であっても、自分の身に起これば大きな被害を受ける。性犯罪に遭う確率は雷に打たれて死ぬ確率よりはるかに高い。そして、性犯罪を起こすのは男性だけとはかぎらない。同性間、あるいは同性を介して性犯罪が発生する恐れもあることを言って聞かせている。

以前、知り合いの家で飼っている犬が見知らぬ人をまったく警戒せずに体をすりつけるのを見て、この子は一度も悪い人に会ったことがないんだろうなと思った。わたしは娘たちがそうなってしまうのが心配だった。美しい世の中だけを見て育った人は利用されやすく、悪意や残酷性に直面したときにひどいショックを受けて立ち直れなくなることもある。だから、娘たちにはニュースや時事番組を見せて、世の中には悪い人もたくさんいるということをあえて教えている。親しい関係であっても、相手をコントロールして利用しようとする人がいることについてもくわしく説明した。人間関係のバランスが崩れて不平等になると相手に振り回されることになるから、自分の人生の主導権を手放さないことが大切だと伝えている。

愛情と好意に包まれ、ずっと守られて生きてきた娘たちは、わたしがどんなに言って聞かせても、うわの空で聞き流している。でも、いざというときは、母のしつこい小言を思い出して役立てることができるはずだ。

エピローグ　正解はないけれど

家ではトイレのドアを開けっぱなしで用を足す娘たちが、おばや友人が来ているときはドアをきちんと閉めるのを見ると、わたしにはすっかり気を許しているんだなと感じる。娘たちはわたしをからかうために、おしりを振りながら、おならをして逃げていく。自分を飾ったり、かしこまったりしなくてもいい関係、まったく気を遣わずに一緒にいられる関係は、大きな心の安定感を与えてくれる。

長年一緒に暮らしていると、表情を見るだけで何を考えているのか、どんな状態なのかがわかるようになってくる。10歳を超えても、赤ちゃんの頃の表情や態度は変わっていない。娘たちがおなかをすかせていると自分のことのようにそわそわするし、娘の関心事がわたしの関心事になる。何も話さなくても、何もしなくても、それぞれ別のことをしていても、一緒にいれば楽しくてくつろげる。

おばあちゃんやベビーシッターと過ごす時間のほうが多かった頃から、娘たちはわたしが母親だということを知っているみたいだった。まだ言葉も話せない赤ちゃんだったのに、会社の仕事が終わった夜にだけ現れる女性が母親であることがどうしてわかったのだろう？　徹底した弱者である赤ちゃんたちは力関係にとても敏感だから、長い時間を一緒に過ごすおばあちゃんとベビーシッターをわたしが水面下で調整していることを察したのかもしれない。

夜遅く帰宅してソファに座ると、次女がのそのそはってきて足にしがみついてきたことを思い出す。自分の幸せが、母親であるわたしにかかっていることを本能的に悟ったのだろうか。愛は生存にかかわる問題だ。子どもにとっては特に。

愛嬌たっぷりで感情表現が豊かな娘たちは、無愛想で無表情な母親をおもしろがる。わたしが厳しく無表情な顔で話していると、長女は「鉄壁防御！」とくすくす笑いながら、防御態勢を崩そうとイタズラを仕掛けてくる。次女は指ハートを乱発し、しょっちゅう抱きついてきてチューを要求する。どうしてはじめからそんなになついてくれるのか不思議だったけれど、2人は冷たそうなこの女性が実はいつも自分たちを気遣っている〝ツンデレ〟であることを見抜いていたようだ。

誰にでも、自分を丸ごと愛してくれる人が必要だ。たいていは親がそんな存在になる。年を重ねるにつれて他の誰かを必要とするようになり、いずれ親とは別の人生を歩みはじめるけれど、最近は経済力をつけて社会的に活発に活動していても40～50代まで結婚せず、親と同居して幸せに暮らしている人も多い。

きょうだいが人生のいい仲間になることもある。百科事典を編集する仕事をしたとき、生涯結婚せずにきょうだいと深い絆を築きながら生きた知識人の項目を読んで、とてもすてきな人生だなと思った。許蘭雪軒《ホナンソロン》[77]も、結婚せずに愛するきょうだいと一緒に暮らせていたらどんなによかっただろう。独身の頃、父親と4きょうだいそろって「許氏五文章」と呼ばれ、文才を称賛されていた時代が彼女の全盛期だった。許蘭雪軒の死後、弟の許筠《ホギュン》は姉の遺稿を集めて文集を刊行した。その尽力のおかげで、数百年後に生きるわたしたちも彼女の作品を知っている。許蘭雪軒はなぜ自分を大切にしていた家族のもとを離れ、他人の家で冷遇されて死ななければならなかったのだろうか?

喜怒哀楽を分かち合い、利害関係を共にする生活共同体、経済共同体が家族だ。わたしが養子縁組で家族を作ったように、友達と一緒に暮らす選択をすれば友達が家族になる。

昔は、異性との結婚だけが家族を作る方法だという考えが支配的だった。女性が経済力を持ちづらく、性別による役割がはっきりしていたために、結婚をしなければ生活に不便を感じ、女性の場合は基本的な生計を立てることも難しかった。

結婚が人間らしい人生の前提条件だった時代は、愛がなくても必要に応じて結婚する人がほとんどだった。しかし、現代は女性も仕事を持つことが一般的になり、生活を便利にしてくれる施設や商品も充実している。女性も男性もひとりで快適に暮らせる世の中になった結果、結婚しない人が増えた。非婚で生きていこうと決心したというより、結婚したいと思える相手がいないとか、そんな相手と出会えたとしても結婚どころではないといった理由で、未婚（または非婚）を選ぶ人のほうがはるかに多い。

家族を作る、ということ

結婚はしないにしても、多くの人は家族を必要としている。家族を作りたいなら、異性と結婚するしかないのだろうか？　結婚制度はさまざまな矛盾を抱えている。昔は女性が

77　朝鮮を代表する女性詩人。15歳で役人と結婚するも夫は遊女に溺れ、姑には虐待を受けて流産。27歳で病死した。

妊娠すると、本人や相手の男性にそのつもりがなかったとしても、結婚してけじめをつけるのが望ましいと考えられていた。だから、野次馬は〝授かり婚〟でやむを得ず結婚することになったのか、もともと結婚する予定だった2人に子どもができただけなのかを知りたがった。

でも、たとえロマンティックな恋愛を経て結婚したとしても、その感情が消えてしまったら、どうやって家庭を維持していけばいいのだろう？　夫婦の生活スタイルや価値観が変わっても、ずっと一緒に暮らし続けたほうがいいのだろうか？　寂しさを埋めるために身近な異性と結婚に至るケースもあるけれど、結婚を急ぎ過ぎたせいでもっと大きな寂しさを招くこともある。

昔は、結婚した以上は家庭のために自分を犠牲にするのがあたりまえだと考えられていた。でも今の時代は、一度きりの人生を大事にして、自分の欲求に正直に生きようという人が多い。それで離婚率が急上昇し、婚姻率と出産率はどんどん低下している。

わたしがこれまでに付き合った男性はみんないい人だったけれど、ずっと同じ道を歩んでいきたいと思える相手ではなかった。お互いの道が交わっていないのに相手に合わせて無理に旅程を変えたら、くたびれる人生が待っている。

中学時代に好きだった男の子に成人してから再会したことがある。数年前の自分がどうしてその子を好きだったのか、さっぱりわからなかった。なぜなら、自分が大きく変わったからだ。昔の恋人と再会したとしても同じだと思う。20代前半〜中盤は人生が急激に変わる時期だから、1〜2年離れていると――恋人関係は続いていたとしても――別れてしまうことが多い。彼氏の兵役中に女性が心変わりするのもこのせいではないだろうか。最新の脳科学によると、人間の脳は25歳くらいまで発達を続けるという。脳が急速に変化しているから、恋愛関係も長続きしにくい。そして30代以降も人生は波乱万丈で、人は変わり続けていく。

結婚しろと母から小言を言われるたびに、わたしはいつもこう言い返していた。「結婚してないから離婚もしてないでしょ。娘にバツイチになってほしいの?」。もちろん、バツイチになることには何の問題もない。母は昔の人だから嫌がるだろうけれど。

恋人同士もお互いを独占する関係ではあるものの、夫婦になると法的にも経済的にも社会的にもパートナーになるから、それぞれの人生を歩むのは難しい。「お互いの人生に干渉しない」という取り決めができるのは、夫婦の価値観がよっぽど似ている場合だけだ。10年後の自分がどんなふうに生きているか、どんな人生を送りたくなるかもわからないのに、結婚という終身契約を結んだら、のちのち苦労することになるかもしれない。

それに比べて、親やきょうだい、友人との関係ははるかに自由だ。成長期の親との関係は絶対的で一方的な関係ではあるものの、子が成人すればそれぞれ独立した関係になる。もちろん、親子関係によって生じたトラウマから抜け出せず、わだかまりを抱えている人も多いのは事実だ。でも、多くの場合、親子は独立した個人同士の自由な関係を結ぶことができる。数カ月ぶりに会ったり、数年ぶりに同居を再開したりしても違和感がなく、親密な関係でありながら束縛が少ない。

わたしが願っていたのは、永遠に変わらない関係だった。絶縁しないかぎり、親子の関係は一生続いていく。家族になるというのは、血のつながりがない相手と異性として、またはは友人として親しくなり、親子のように揺るぎない強固な関係を築いていくことだ。わたしが見たところ、夫婦のロマンティックな恋愛感情だけで維持される家庭にこそ、いつ崩れるかわからないもろさがあると思う。

独身者の養子縁組がまだ認められていなかった頃、いっそ偽装結婚をしようかというよくない考えが頭をよぎったこともある。精子バンクを利用して出産することは検討しなかった。韓国でも芸能人などのセレブが精子提供を受けて出産した前例があるとはいえ、わたしはとてもそんな身分ではない。[78]金銭的な余裕があって、仕事に支障が出ないならいいけれど、平凡な会社員であるわたしはキャリアが危うくなりかねないし、出産前後に家族のサポートを受けられるかどうかもわからなかった。万が一、赤ちゃんや母体に問題が生じたら、経済的に立ち行かなくなってしまう。

その後、幸いにも独身者の養子縁組が認められるようになり、わたしは2人の娘を養子に迎えて家族を作ることができた。こんなふうに非伝統的な方法で家族を作る人はどんどん増えている。

所得水準が上がり、個人主義と自由主義が浸透した国で婚姻率が下がるのはやむを得ないことだと思う。こうした世の中の変化にともなって、事実婚の夫婦にも法的な夫婦とほぼ同等の権利が認められつつあり、新しいかたちの家族を支援する児童福祉制度も再構築されている。

また、慎重に結婚を決めて、よりよい夫婦関係を築くために努力していこうという風潮

78 韓国での精子提供は、原則として法的に婚姻関係にある夫婦のみが対象。そのため独身者は海外で精子提供を受けることが多く、高額な費用がかかる。

が強まり、満足のいく結婚生活を送る人も増えている。昔は「結婚は恋愛の墓場」というイメージが強く、30～40代以上の男女が手をつないだり腕を組んだりして歩いていると不適切な関係ではないかと疑われたりもした。でも最近は、年配の夫婦がデートを楽しんだり、手をつないで歩いたりする姿をよく見かける。わたしが知る夫婦の多くは、仲のいい友達のように平等な関係で、お互いを尊重しながら暮らしている。

＊＊＊＊＊

義務感から人間関係を維持するのではなく、本当に心が満たされる関係を大切にするというのが最近のトレンドだ。人々の暮らしにおいて、家族同然のコンパニオンアニマル（伴侶動物）だけでなく、共に生きる存在としてのペット植物の重要性もますます高まっている。友人たちと家族のように親しく過ごしながら老後を送ることもあるだろう。こうした社会の変化に合わせて、いずれは血縁関係や婚姻関係のない同居人や保護者にも法的な権利が認められるようになっていくと思う。病院に行ったとき、何かあったら手術同意書にサインをする人が必要だから。

トルストイの『人はなんで生きるか』に登場する天使は、双子を産んだばかりの女の魂を天国に連れてこいという神の命令に逆らい、翼を失ってさまよったのちに神の意を理解する。人は愛によって生きる。生後まもなく母親を失った双子の赤ちゃんは、隣人によって救われ、その善意と愛に支えられて生き延びることができた。

大人も愛があればこそ、充実した人生を送ることができる。どんな愛も大切で、尊重されるべきものだ。いちばん身近な存在を愛することによって、その愛が種となり、隣人への愛、弱者に対する愛が芽吹いていけば、この世はどんどん生きやすい世界になっていくにちがいない。

ペク・ジソン
編集者。出版社トタルンウジュ（もう一つの宇宙）代表。
20年間、編集者としてさまざまな組織での勤務を経て、2022年に出版社を設立。中国最後の母系社会として知られるモソ族に関する記事を読んだことをきっかけに現代版・母系家族の可能性を夢見るようになり、2010年と2013年に女児を養子縁組して育てている。2人の娘と一緒に世の中を学びながら、新たな知識と経験を積み重ねていくことに心をときめかせている。著書に『経済経営本の作り方』（2020年、未邦訳）、訳書に『少女たちの感情レッスン』（原題:YOU DON'T UNDERSTAND ME、タラ・ポーター著、2024年、未邦訳）がある。

藤田麗子（ふじた・れいこ）
韓日翻訳者&ライター。福岡県福岡市生まれ。訳書にジョン・センムル著『私は今日も私を信じる～「自分だけの魅力」の磨き方』、ホン・ファジョン著『簡単なことではないけれど大丈夫な人になりたい』（ともに大和書房）、チュ・オンギュ著『SUPER NORMAL 凡人が上位1%の「成功者」になる抜け道』、クルベウ著『大丈夫じゃないのに大丈夫なふりをした』（ともにダイヤモンド社）、ジャチョン著『逆行者 お金 時間 運命から解放される、人生戦略』（CCCメディアハウス）などがある。

結婚《けっこん》も出産《しゅっさん》もせず親《おや》になりました
非婚《ひこん》のわたしが養子《ようし》と作《つく》る〈新《あたら》しい家族《かぞく》〉

2024年9月25日　第1刷発行

著者　ペク・ジソン
訳者　藤田麗子《ふじたれいこ》
発行者　佐藤 靖
発行所　大和《だいわ》書房
〒112-0014 東京都文京区関口1-33-4
電話 03-3203-4511

ブックデザイン　鳴田小夜子（KOGUMA OFFICE）
イラスト　福士陽香
カバー写真　ELLE KOREA（photographer KIM SUN HYE）
本文印刷　信毎書籍印刷
カバー印刷　歩プロセス
製本　ナショナル製本

ISBN 978-4-479-39436-5

https://www.daiwashobo.co.jp/